LIVRO DOS SONETOS
1500-1900
(POETAS PORTUGUESES E BRASILEIROS)

Leia também na Coleção **L&PM** POCKET:

200 sonetos – Luís Vaz de Camões
Livro dos bichos – Org. de Sergio Faraco
Livro das cortesãs – Org. de Sergio Faraco
Livro do corpo – Org. de Sergio Faraco
Livro dos desaforos – Org. de Sergio Faraco
Todos os sonetos – Augusto dos Anjos

LIVRO DOS SONETOS
1500-1900
(POETAS PORTUGUESES E BRASILEIROS)

Organização de SERGIO FARACO

www.lpm.com.br

Coleção **L&PM** POCKET, vol.3

Texto de acordo com a nova ortografia.

Primeira edição na Coleção **L&PM** POCKET: fevereiro de 1997
Esta reimpressão: novembro de 2021

Capa: L&PM Editores sobre gravura de Pablo Picasso
Revisão: Sergio Faraco

ISBN 978-85-254-0603-3

L788

    Livro dos sonetos: 1500-1900; organização de Sergio Faraco. – Porto Alegre: L&PM, 2021.
    128 p. ; 18 cm. – (Coleção L&PM POCKET ; v.3)

    1.Literatura portuguesa-Poesias. 2.Literatura brasileira-Poesias. I.Série.

                          CDD 869.1
                              869.91
                        CDU 869.0-1
                              869.0(81)-1

Catalogação elaborada por Izabel A. Merlo, CRB 10/329.

© desta edição, L&PM Editores, 1996

Todos os direitos desta edição reservados a L&PM Editores
Rua Comendador Coruja 314, loja 9 – Floresta – 90.220-180
Porto Alegre – RS – Brasil / Fone: 51.3225.5777

PEDIDOS & DEPTO. COMERCIAL: vendas@lpm.com.br
FALE CONOSCO: info@lpm.com.br
www.lpm.com.br

Impresso no Brasil
Primavera de 2021

Sumário

Nota sobre o soneto – Sergio Faraco / 11

Sá de Miranda
    Quando eu, senhora.../ 13

Luís de Camões
    Alma minha gentil que te partiste/ 14
    Sete anos de pastor Jacó servia/ 15
    Amor é um fogo que arde sem se ver/ 16

Antônio Ferreira
    Se erra minh'alma.../ 17

Diogo Bernardes
    Horas breves de meu contentamento/ 18

Fernão Álvares do Oriente
    Armada de aspereza minha estrela/ 19

Estêvão Rodrigues de Castro
    Ausente, pensativo, solitário/ 20

Baltasar Estaço
    A um irmão ausente/ 21

Rodrigues Lobo
    Formoso Tejo meu.../ 22

D. Tomás de Noronha

    A uma dama pródiga de favores/ 23

Violante do Céu
    Vida que não acaba de acabar-se/ 24
    Se apartada do corpo a doce vida/ 25

Francisco Manuel de Melo

    Contra as fadigas do desejo/ 26

Antônio Barbosa Bacelar

    A umas saudades/ 27

Gregório de Matos
    Pequei, Senhor... / 28

Jerônimo Bahia
>Falando com Deus / 29

Correia Garção
>Quem de meus versos a lição procura/ 30

Claudio Manuel da Costa
>Ai Nise amada.../ 31

João Xavier de Matos
>Soneto/ 32

Cruz e Silva
>É esta porventura a praia amena/ 33

Filinto Elísio
>Soneto/ 34

Nicolau Tolentino
>Passei o rio que tornou atrás/ 35

Basílio da Gama
>Já, Marfiza cruel, me não maltrata/ 36

Alvarenga Peixoto
>Eu vi a linda Jônia.../ 37
>Eu não lastimo o próximo perigo/ 38

Tomás Antônio Gonzaga
>Enganei-me, enganei-me – paciência/ 39

Marquesa de Alorna
>Retratar a tristeza.../ 40

Manuel Maria du Bocage
>Meu ser evaporei na lida insana/ 41
>Já Bocage não sou.../ 42

Santa Rita Bastos
>Socorrei-me, Senhor.../ 43

Maciel Monteiro
>Formosa/ 44

Gonçalves Dias
>Baixel veloz, que ao úmido elemento/ 45

Francisco Otaviano
>Soneto/ 46

João de Deus
        O seu nome/ 47

Álvares de Azevedo
        Soneto/ 48

Luis Delfino
        Os seios/ 49

Tobias Barreto
        Ignorabimus/ 50

Machado de Assis
        A Carolina/ 51

João Penha
        Última vontade/ 52

Fagundes Varela
        Enojo/ 53

Luis Guimarães Junior
        Visita à casa paterna/ 54

Antero de Quental
        Divina comédia/ 55

Gonçalves Crespo
        Odor di femina/ 56

Castro Alves
        Marieta/ 57

Gomes Leal
        Rosa mística/ 58

Guerra Junqueiro
        Eu que tenho no olhar.../ 59

Silva Ramos
        Nós/ 60

Lúcio de Mendonça
        O rebelde/ 61

Cesário Verde
        A forca/ 62

Artur Azevedo
        Transit/ 63

Raimundo Correia
    Mal secreto/ 64
    As pombas/ 65

B. Lopes
    Abrem duas janelas para a rua/ 66

Augusto de Lima
    Evangelho e Alcorão/ 67

Alberto de Oliveira
    Horas mortas/ 68

Cruz e Sousa
    Vida obscura/ 69

Eduardo Coimbra
    Quadro antigo/ 70

Olavo Bilac
    Língua portuguesa/ 71
    Maldição/ 72

Vítor Silva
    Solar encantado/ 73

Emílio de Menezes
    Envelhecendo/ 74

Vicente de Carvalho
    Eu não espero o bem que mais desejo/ 75
    Folha solta/ 76

Antônio Nobre
    (Golfo de Biscaia, 1891)/ 77
    (Canal da Mancha, 1891)/ 78

Guimaraens Passos
    Nihil/ 79

Camilo Pessanha
    Caminho (I)/ 80
    Caminho (II)/ 81

Júlia Cortines
    Interrogação/ 82

Eugênio de Castro
    A coroa de rosas/ 83

Alphonsus de Guimaraens
    Foi assim que eu a vi.../ 84

Fausto Guedes Teixeira
    Eu quero ouvir o coração falar/ 85

Júlio Salusse
    Cisnes/ 86

Augusto Gil
    De profundis clamavi ad te Domine/ 87

Francisca Júlia
    Outra vida/ 88

José Duro
    Dor suprema/ 89

Saturnino de Meireles
    Vida obscura/ 90

Nunes Claro
    Soneto/ 91

Maranhão Sobrinho
    Soror Tereza/ 92

José Albano
    Poeta fui e do áspero destino/ 93

Augusto dos Anjos
    Versos íntimos/ 94

Martins Fontes
    Beijos mortos/ 95

Humberto de Campos
    Íntimo/ 96

Antônio Sardinha
    Vesperal/ 97

Fernando Pessoa
    Fosse eu apenas.../ 98
    Quando olho para mim.../ 99

Laura Chaves
    Volúpia/ 100

Mário de Sá-Carneiro
        Certa voz na noite ruivamente.../ 101

Eduardo Guimaraens
        Chopin: Prelúdio nº 4/ 102
        De profundis clamavi/ 103

Florbela Espanca
        Eu/ 104
        Supremo enleio/ 105
        Amar/ 106

Marta de Mesquita da Câmara
        Contrassenso/ 107

Alceu Wamosy
        Desiludido/ 108
        Duas almas/ 109

Raul de Leoni
        Aos que sonham/ 110
        Unidade/ 111

***Obras consultadas*/ 113**

***Índice alfabético dos autores*/ 117**

NOTA SOBRE O SONETO

O soneto é um poema de quatorze versos, dispostos em dois quartetos seguidos de dois tercetos. O termo, segundo os estudiosos, deriva do latim *sonus*, que quer dizer som, ruído, e designa também a voz, a palavra, a inflexão. Em sentido figurado, pode significar brilho de estilo – justificando-se, de certo modo, a viagem etimológica que o vocábulo empreendeu, com escalas no provençal *sonet* e no italiano *sonètto*.

Sua estrutura teria resultado da aglutinação de dois *strambotti* (estrambotos), antiga composição poética italiana, decassilábica, constituída, em regra, de uma oitava ou de um sexteto: a oitava dividida em dois quartetos e o sexteto em dois tercetos. Alguns autores rejeitam essa teoria: o soneto seria uma invenção sem exemplos, pois seus sistemas rímicos não o aproximam de outra qualquer forma então em uso.

Não há divergência quanto ao nome do primeiro sonetista: o poeta italiano Giacomo da Lentino (*c.* 1190-c.1246), que fazia parte da corte de Frederico II. O imperador germânico, em Palermo, cercava-se de poetas e estimulava a fundação de um "lirismo cortês". Inicialmente, o soneto era cantado, com música, e a necessidade de um princípio par (quartetos) e de um princípio ímpar (tercetos) se explicava pela mudança da melodia na segunda parte. A métrica, contudo – a rigidez do decassílabo –, impunha limitações à criação melódica, e já no século XIV o soneto deixou de ser cantado para tornar-se um "pronunciamento oratório".

O primeiro poeta de nomeada a cultivar o soneto foi Dante Alighieri (1265-1321), mas quem lhe ordenou as rimas, dando-lhe a figura que, depois, serviria de modelo, foi Francesco Petrarca (1304-1374). Em evidência nos séculos XVI-XVIII, perdeu prestígio na estação romântica, mas voltou à berlinda entre parnasianos e simbolistas, pôde sobreviver à ebulição do modernismo e ainda hoje empolga, ocasionalmente, o estro dos grandes poetas.

Sergio Faraco

Quando eu, senhora...

Sá de Miranda

Quando eu, senhora, em vós os olhos ponho,
e vejo o que não vi nunca, nem cri
que houvesse cá, recolhe-se a alma em si
e vou tresvariando, como em sonho.

Isto passado, quando me disponho,
e me quero afirmar se foi assi,
pasmado e duvidoso do que vi,
m'espanto às vezes, outras m'avergonho.

Que, tornando ante vós, senhora, tal,
quando m'era mister tant'outr'ajuda
de que me valerei se alma não val?

Esperando por ela que me acuda,
e não me acode, e está cuidando em al,
afronta o coração, a língua é muda.

    ✡ *Coimbra, 1481*
    ✝ *Quinta da Tapada - Minho, 1558*

Alma minha gentil que te partiste

Luís de Camões

Alma minha gentil, que te partiste
tão cedo desta vida descontente,
repousa lá no céu eternamente
e viva eu cá na terra sempre triste.

Se lá no assento etéreo, onde subiste,
memória desta vida se consente,
não te esqueças daquele amor ardente
que já nos olhos meus tão puro viste.

E se vires que pode merecer-te
alguma coisa a dor que me ficou
da mágoa, sem remédio, de perder-te,

roga a Deus que teus anos encurtou,
que tão cedo de cá me leve a ver-te,
quão cedo de meus olhos te levou.

✡ *Lisboa, 1524*
✝ *Lisboa, 1580*

Sete anos de pastor Jacó servia

Luís de Camões

Sete anos de pastor Jacó servia
Labão, pai de Raquel, serrana bela;
mas não servia ao pai, servia a ela,
que a ela só por prêmio pretendia.

Os dias na esperança de um só dia
passava, contentando-se com vê-la;
porém o pai, usando de cautela,
em lugar de Raquel lhe deu a Lia.

Vendo o triste pastor que com enganos
assim lhe era negada a sua pastora,
como se a não tivera merecida,

começou a servir outros sete anos,
dizendo: "Mais servira, se não fora
para tão longo amor tão curta a vida".

✡ *Lisboa, 1524*
✟ *Lisboa, 1580*

Amor é um fogo que arde sem se ver

Luís de Camões

Amor é um fogo que arde sem se ver;
é ferida que dói e não se sente;
é um contentamento descontente;
é dor que desatina sem doer;

é um não querer mais que bem querer;
é solitário andar por entre a gente;
é um não contentar-se de contente;
é cuidar que se ganha em se perder;

é um estar-se preso por vontade;
é servir a quem vence o vencedor;
é um ter com quem nos mata lealdade.

Mas como causar pode o seu favor
nos mortais corações conformidade,
sendo a si tão contrário o mesmo amor?

✡ *Lisboa, 1524*
☦ *Lisboa, 1580*

Se erra minh'alma...

Antônio Ferreira

Se erra minh'alma, em contemplar-vos tanto,
e estes meus olhos tristes, em vos ver,
se erra meu amor grande, em não querer
crer que outra coisa há aí de mor espanto;

se erra meu espírito, em levantar seu canto
em vós, e em vosso nome só escrever,
se erra minha vida, em assi viver
por vós continuamente em dor, e pranto;

se erra minha esperança, em se enganar
já tantas vezes, e assi enganada
tornar-se a seus enganos conhecidos;

se erra meu bom desejo, em confiar
que algu'hora serão meus males cridos,
vós em meus erros só sereis culpada.

✡ *Lisboa, 1528*
✝ *Lisboa, 1569*

Horas breves de meu contentamento

Diogo Bernardes*

Horas breves de meu contentamento,
nunca me pareceu, quando vos tinha,
que vos visse tornadas tão asinha
em tão compridos dias de tormento.

Aquelas torres, que fundei ao vento,
o vento as levou, já que as sustinha,
do mal, que me ficou, a culpa é minha,
que sobre coisas vãs fiz fundamento.

Amor com rosto ledo, e vista branca
promete quanto dele se deseja,
tudo possível faz, tudo segura:

mas dês que dentro n'alma reina, e manda,
como na minha fez, quer que se veja
quão fugitivo é, quão pouco dura.

✿ *Ponte da Barca - Minho, 1530*
✝ *Ponte da Barca - Minho, 1605*

---

* Soneto que também se atribui a Luís de Camões.

Armada de aspereza minha estrela

Fernão Álvares do Oriente

Armada de aspereza minha estrela
a nova dor me leva e me encaminha;
mas se uma glória vi perder-se asinha,
foi por quem a perdi, glória perdê-la.

Sucede nova dor, nova querela
à liberdade que gozado tinha:
não sei remédio dar à mágoa minha;
e quem lho pode dar não sabe dela.

Que alívio logo em meu tormento espero,
se a que mo censura na alma, não o sente?
Senão se o vê nos olhos com que o vejo.

Porém, ah, doce amor, eu antes quero
passar convosco a vida descontente,
que contente viver sem meu desejo.

✡ *Goa, 1540*
✞ *?, 1599*

AUSENTE, PENSATIVO, SOLITÁRIO

Estêvão Rodrigues de Castro

Ausente, pensativo, solitário,
como se vos tivera ali presente,
dou e tomo as razões ousadamente
firme em amor, em pensamentos vário.

Quando venho ante vós com temerário
fervor renovo n'alma juntamente
quantos cuidados tive estando ausente,
que tudo em tal aperto é necessário.

Uns aos outros se impedem na saída
e querem cometer e não se abalam,
e vou para falar e fico mudo.

Porém, meus olhos, minha cor perdida,
meu pasmo, meu silêncio, por mim falam,
e não dizendo nada, digo tudo.

✡ *Lisboa?, 1559*
✞ *?, 1637*

A UM IRMÃO AUSENTE

Baltasar Estaço

Dividiu o amor e a sorte esquiva
em partes o sujeito em que morais;
este corpo tem preso onde faltais,
esta alma onde andais anda cativa.

Contente na prisão, mas pensativa,
porque este mal tão mal remediais,
que vós comigo lá solto vivais,
e eu sem mim e sem vós cá preso viva.

Mas lograi desse bem quanto lograis,
que eu como parte vossa o estou logrando
e sinto quanto gosto andares sentindo;

cá folgo, porque sei que lá folgais,
porque minha alma logra imaginando
o que lograr não pode possuindo.

✡ *Lisboa?, 1570*
✟ *?*

Formoso Tejo meu...

Rodrigues Lobo*

Formoso Tejo meu, quão diferente
te vejo e vi, me vês agora e viste:
turvo te vejo a ti, tu a mim triste,
claro te vi eu já, tu a mim contente.

A ti foi-te trocando a grossa enchente
a quem teu largo campo não resiste;
a mim trocou-me a vista em que consiste
o meu viver contente ou descontente.

Já que somos no mal participantes,
sejamo-lo no bem. Oh! quem me dera
que fôramos em tudo semelhantes!

Mas lá virá a fresca primavera:
tu tornarás a ser quem era de antes,
eu não sei se serei quem de antes era.

> ✡ *Leiria, 1580*
> ✟ *No Rio Tejo por afogamento, 1622*

---

* Soneto que também se atribui a Luís de Camões.

A UMA DAMA PRÓDIGA DE FAVORES

D. Tomás de Noronha

Se assim, formosa Helena, como és sol,
não deras tantas mostras de ser lua,
não te tivera o mundo por comua,
nem quem tanto te quer por caracol.

Olha que já te traz a fama o rol
por ser a tua grandeza a todos nua,
e pode ser que ganhes sendo crua
não acudindo como peixe ao anzol.

Ai! muda, muda, Helena, muda as modas,
e não sejas, oh! não! como é a corça,
que mais corre como a seta que a lastima.

Ama a quem te mais quer, e não a todos,
que repartido o amor tem menos força,
e a coisa que é mais comua não se estima.

✡ *Alenquer - Estremadura, ?*
✟ *Alenquer - Estremadura, 1651*

Vida que não acaba de acabar-se

Violante do Céu

Vida que não acaba de acabar-se,
chegando já de vós a despedir-se,
ou deixa por sentida de sentir-se,
ou pode de imortal acreditar-se.

Vida que já não chega a terminar-se,
pois chega já de vós a dividir-se,
ou procura vivendo consumir-se,
ou pretende matando eternizar-se.

O certo é, Senhor, que não fenece,
antes no que padece se reporta,
por que não se limite o que padece.

Mas, viver entre lágrimas, que importa?
Se vida que entre ausências permanece
é só vida ao pesar, ao gosto morta?

✡ *Lisboa, 1602*
✝ *Lisboa, 1693*

Se apartada do corpo a doce vida

Violante do Céu

Se apartada do corpo a doce vida,
domina em seu lugar a dura morte,
de que nasce tardar-me tanto a morte
se ausente d'alma estou, que me dá vida?

Não quero sem Silvano já ter vida,
pois tudo sem Silvano é viva morte,
já que se foi Silvano, venha a morte,
perca-se por Silvano a minha vida.

Ah! suspirado ausente, se esta morte
não te obriga querer vir dar-me vida,
como não ma vem dar a mesma morte?

Mas se n'alma consiste a própria vida,
bem sei que se me tarda tanto a morte,
que é por que sinta a morte de tal vida.

✡ *Lisboa, 1602*
✟ *Lisboa, 1693*

Contra as fadigas do desejo

Francisco Manuel de Melo

E quem me compusera do desejo,
que grande bem, que grande paz me dera!
Ou, por força, com ele hoje fizera,
que me não vira, enquanto assim me vejo!

O que eu reprovo, elege; e o que eu elejo,
ele o reprova, como se tivera
sortes a seu mandar, em que escolhera,
contra as quais só por ele em vão pelejo.

Anda a voar do árduo ao impossível:
e para me perder de muitos modos,
finge que a honra é certa no perigo.

Pois se nunca pretende o que é possível,
como posso esperar ter paz com todos,
quando não posso nem ter paz comigo?!

✡ *Lisboa, 1608*
✝ *Lisboa, 1666*

A UMAS SAUDADES

Antônio Barbosa Bacelar

Saudades de meu bem, que noite e dia
a alma atormentais, se é vosso intento
acabares-me a vida com tormento,
mais lisonja será que tirania.

Mas quando me matar vossa porfia,
de morrer tenho tal contentamento,
que em me matando vosso sentimento,
me há de ressuscitar minha alegria.

Porém matai-me embora, que pretendo
satisfazer com mortes repetidas
o que à beleza sua estou devendo;

vidas me dai para tirar-me vidas,
que ao grande gosto com que as for perdendo,
serão todas as mortes bem devidas.

✡ *Lisboa, 1610*
✝ *Lisboa, 1663*

PEQUEI, SENHOR...

Gregório de Matos

Pequei, Senhor, mas não porque hei pecado,
da vossa alta clemência me despido;
porque quanto mais tenho delinquido,
vos tenho a perdoar mais empenhado.

Se basta a vos irar tanto um pecado,
a abrandar-vos sobeja um só gemido:
que a mesma culpa, que vos há ofendido,
vos tem para o perdão lisonjeado.

Se uma ovelha perdida, e já cobrada,
glória tal e prazer tão repentino
vos deu, como afirmais na sacra história,

eu sou, Senhor, a ovelha desgarrada,
cobrai-a; e não queirais, pastor divino,
perder na vossa ovelha a vossa glória.

✡ *Salvador, 1623*
✞ *Recife, 1696*

Falando com Deus

Jerônimo Bahia

Só vos conhece, amor, quem se conhece,
só vos entende bem quem bem se entende,
só quem se ofende assim não vos ofende,
e só vos pode amar quem se aborrece.

Só quem se mortifica em vós floresce,
só é senhor de si quem se vos rende,
só sabe pretender quem vos pretende,
e só sobe por vós quem por vós desce.

Quem tudo por vós perde tudo ganha,
pois tudo quanto há tudo em vós cabe;
ditoso quem no vosso amor se inflama,

pois faz troca tão alta e tão estranha,
mas só vos pode amar o que vos sabe,
só vos pode saber o que vos ama.

✡ *Coimbra, 1628?*
✝ *São Romão do Neiva - Minho, 1688*

Quem de meus versos a lição procura

Correia Garção

Quem de meus versos a lição procura,
os farpões nunca viu de amor insano,
nem sabe quanto custa um vil engano
traçado pela mão da formosura.

Se o peito não tiver de rocha dura,
fuja de ouvir contar tamanho dano,
que a desabrida voz do desengano
o mais firme semblante desfigura.

Olhe, que há de chorar, vendo patente
em tão funesta, e lagrimosa cena
o cadafalso infame, e sanguinoso.

Verá levado à morte um inocente:
e condenado à vergonhosa pena
o mais fiel amor, mais generoso.

✡ *Lisboa, 1724*
✝ *Lisboa, 1772*

Aɪ Nɪsᴇ ᴀᴍᴀᴅᴀ...

Claudio Manuel da Costa

Ai Nise amada! se este meu tormento,
se estes meus sentidíssimos gemidos
lá no teu peito, lá nos teus ouvidos
achar pudessem brando acolhimento;

como alegre em servir-te, como atento
meus votos tributara agradecidos!
Por séculos de males bem sofridos
trocara todo o meu contentamento.

Mas se na incontrastável pedra dura
de teu rigor não há correspondência
para os doces afetos de ternura,

cesse de meus suspiros a veemência;
que é fazer mais soberba a formosura
adorar o rigor da resistência.

✡ Ribeirão do Carmo (Mariana), 1729
✝ Vila Rica (Ouro Preto), 1789

Soneto

João Xavier de Matos

Que triste, que profunda soledade
se observa aqui de cima deste outeiro!
Não anda lá no mar nenhum barqueiro,
não se ouve algum rumor cá na cidade.

Como da lua a frouxa claridade
prateia aquele monte derradeiro!
Não sabe a vista aonde vá primeiro
fartar o pensamento de saudade.

O céu sereno como está sisudo!
Quieta a planta, o mar adormecido,
a terra sossegada, o vento mudo;

mas que estrondo fizera, e que alarido,
céu, planta, mar, e terra, vento, tudo,
se rompesse o silêncio meu gemido!

✡ *Lisboa, 1730*
✝ *Vila dos Frades - Alentejo, 1789*

É ESTA PORVENTURA A PRAIA AMENA

Cruz e Silva

É esta porventura a praia amena
do manso Tejo? É este o monte erguido,
onde, nuns negros olhos escondido,
me fez contente amor com minha pena?

É este o bosque, que aura tão serena
derramava do vento sacudido?
Ou este o verde choupo em que esculpido
deixei o nome que meu mal serena!

Quão outro tudo está, quão demudado!
Perdeu a graça, perdeu a formosura
do alegre tempo por meu mal passado...

Mas oh! como se engana a conjectura!
Inda tudo conserva o antigo estado,
somente se mudou minha ventura.

✡ *Lisboa, 1731*
✟ *Rio de Janeiro, 1799*

SONETO

Filinto Elísio

Uns lindos olhos, vivos, bem rasgados,
um garbo senhoril, nevada alvura,
metal de voz que enleva de doçura,
dentes de aljôfar, em rubi cravados.

Fios de ouro, que enredam meus cuidados,
alvo peito, que cega de candura,
mil prendas; e (o que é mais que formosura)
uma graça, que rouba mil agrados.

Mil extremos de preço mais subido
encerra a linda Márcia, a quem ofereço
um culto, que nem dela inda é sabido.

Tão pouco de mim julgo que a mereço,
que enojá-la não quero de atrevido
com as penas que por ela em vão padeço.

✡ *Lisboa, 1734*
✝ *Paris, 1819*

Passei o rio que tornou atrás

Nicolau Tolentino

Passei o rio que tornou atrás,
se acaso é certo o que Camões nos diz,
em cuja ponte um bando de aguazis
registram tudo quanto a gente traz.

Segue-se um largo. Em frente dele jaz
longa fileira de baiucas vis.
Cigarro aceso, fumo no nariz,
é como a companhia ali se faz.

A cidade por dentro é fraca rês;
as moças põem mantilhas e andam sós,
têm boa cara, mas não têm bons pés.

Isto, coifas de prata e de retrós,
e a cada canto um sórdido marquês,
foi tudo quanto vi em Badajoz.

✡ *Lisboa, 1740*
✝ *Lisboa, 1811*

Já, Marfiza cruel, me não maltrata

Basílio da Gama

Já, Marfiza cruel, me não maltrata
saber que usas comigo de cautelas,
que inda te espero ver, por causa delas,
arrependida de ter sido ingrata.

Com o tempo, que tudo desbarata,
teus olhos deixarão de ser estrelas;
verás murchar no rosto as faces belas,
e as tranças de ouro converter-se em prata.

Pois se sabes que a tua formosura
por força há de sofrer da idade os danos,
por que me negas hoje esta ventura?

Guarda para seu tempo os desenganos,
gozemo-nos agora, enquanto dura,
já que dura tão pouco a flor dos anos.

✿ *São José do Rio das Mortes - MG, 1741*
✟ *Lisboa, 1795*

Eu vi a linda Jônia...

Alvarenga Peixoto

Eu vi a linda Jônia e, namorado
fiz logo eterno voto de querê-la;
mas vi depois a Nise, e é tão bela
que merece igualmente o meu cuidado.

A qual escolherei, se neste estado
eu não sei distinguir esta daquela?
Se Nise agora vir, morro por ela,
se Jônia vir aqui, vivo abrasado.

Mas ah! que esta me despreza, amante,
pois sabe que estou preso em outros braços,
e aquela não me quer, por inconstante.

Vem, Cupido, soltar-me desses laços:
ou faze desses dois um só semblante,
ou divide o meu peito em dois pedaços!

> ✡ *Rio de Janeiro, 1744*
> ✝ *Ambaca - Angola, 1792*

Eu não lastimo o próximo perigo

Alvarenga Peixoto

Eu não lastimo o próximo perigo,
uma escura prisão, estreita e forte,
lastimo os caros filhos, a consorte,
a perda irreparável de um amigo.

A prisão não lastimo, outra vez digo,
nem o ver iminente o duro corte,
que é ventura também achar a morte
quando a vida só serve de castigo.

Ah, quão depressa então acabar vira
este enredo, este sonho, esta quimera,
que passa por verdade e é mentira!

Se filhos, se consorte não tivera,
e do amigo as virtudes possuíra,
um momento de vida eu não quisera.

✡ *Rio de Janeiro, 1744*
✟ *Ambaca - Angola, 1792*

Enganei-me, enganei-me – paciência

Tomás Antônio Gonzaga

Enganei-me, enganei-me – paciência!
Acreditei as vozes, cri, Ormia,
que a tua singeleza igualaria
à tua mais que angélica aparência.

Enganei-me, enganei-me – paciência!
Ao menos conheci que não devia
pôr nas mãos de uma externa galhardia
o prazer, o sossego e a inocência.

Enganei-me, cruel, com teu semblante,
e nada me admiro de faltares,
que esse teu sexo nunca foi constante.

Mas tu perdeste mais em me enganares:
que tu não acharás um firme amante,
e eu posso de traidoras ter milhares.

✡ *Porto, 1744*
✞ *Moçambique, 1810*

Retratar a tristeza...

Marquesa de Alorna

Retratar a tristeza em vão procura
quem na vida um só pesar não sente,
porque sempre vestígios de contente
hão de surgir por baixo da pintura;

porém eu, infeliz, que a desventura
o mínimo prazer me não consente,
em dizendo o que sinto, a mim somente
parece que compete esta figura.

Sinto o bárbaro efeito das mudanças,
dos pesares o mais cruel pesar,
sinto do que perdi tristes lembranças;

condenam-me a chorar, e a não chorar,
sinto a perda total das esperanças,
e sinto-me morrer sem acabar.

✡ *Lisboa, 1750*
✝ *Lisboa, 1839*

Meu ser evaporei na lida insana

Manuel Maria du Bocage

Meu ser evaporei na lida insana
do tropel das paixões que me arrastava;
ah! cego eu cria, ah! mísero eu sonhava
em mim quase imortal a essência humana!

De que inúmeros sóis a mente ufana
existência falaz me não dourava!
Mais eis sucumbe a natureza escrava
ao mal, que a vida em sua origem dana.

Prazeres, sócios meus e meus tiranos,
esta alma, que sedenta em si não coube,
no abismo vos sumiu dos desenganos.

Deus! ó Deus! quando a morte a luz me roube,
ganhe um momento o que perderam anos.
Saiba morrer o que viver não soube.

✡ *Setúbal, 1765*
✝ *Lisboa, 1805*

Já Bocage não sou...

Manuel Maria du Bocage

Já Bocage não sou!... À cova escura
meu estro vai parar desfeito em vento...
Eu aos céus ultrajei! O meu tormento
leve me torne sempre a terra dura.

Conheço agora já quão vã figura
em prosa e verso fez meu louco intento.
Musa! tivera algum merecimento
se um raio da razão seguisse pura!

Eu me arrependo; a língua quase fria
brade em alto pregão à mocidade,
que atrás do som fantástico corria:

outro Aretino fui... A santidade
manchei! Oh! se me creste, gente impia,
rasga meus versos, crê na eternidade!

✡ *Setúbal, 1765*
✝ *Lisboa, 1805*

Socorrei-me, Senhor...

*Santa Rita Bastos**

Socorrei-me, Senhor! Quebrai piedoso
minhas algemas, cheias de dureza!
Se meu crime provém da natureza,
quem de ser deixará réu, criminoso?

Davi, que foi tão rico e venturoso,
por Betsabé caiu na vil fraqueza;
Sansão, perdendo o brio e a fortaleza,
ao orbe deu exemplo lastimoso.

Vede Jacó, retido em cativeiro
pela gentil Raquel; vede Susana;
vede afinal, Senhor, o mundo inteiro!

Desculpa tenho na paixão insana:
que ou mandasse-me o céu o ser primeiro,
ou fizesse de ferro a carne humana.

✡ *Salvador, 1785*
✝ *Salvador, 1846*

---

* Frei Francisco Xavier de Santa Rita Bastos Baraúna.

Formosa

Maciel Monteiro

Formosa, qual pincel em tela fina
debuxar jamais pôde ou nunca ousara;
formosa, qual jamais desabrochara
na primavera rosa purpurina;

formosa, qual se a própria mão divina
lhe alinhara o contorno e a forma rara;
formosa, qual jamais no céu brilhara
astro gentil, estrela peregrina;

formosa, qual se a natureza e a arte,
dando as mãos em seus dons, em seus lavores,
jamais soube imitar no todo ou parte;

mulher celeste, ó anjo de primores!
Quem pode ver-te, sem querer amar-te?
Quem pode amar-te, sem morrer de amores?

✡ *Recife, 1804*
✝ *Lisboa, 1868*

BAIXEL VELOZ, QUE AO ÚMIDO ELEMENTO

Gonçalves Dias

Baixel veloz, que ao úmido elemento
a voz do nauta experto afoito entrega,
demora o curso teu, perto navega
da terra onde me fica o pensamento!

Enquanto vais cortando o salso argento,
desta praia feliz não se desprega
(meus olhos, não, que amargo pranto os rega)
minha alma, sim, e o amor que é meu tormento.

Baixel, que vais fugindo despiedado
sem temor dos contrastes da procela,
volta ao menos, qual vais tão apressado.

Encontre-a eu gentil, mimosa e bela!
E o pranto que ora verto amargurado
possa eu verter então nos lábios dela!

    ✿ *Caxias - MA, 1823*
    ☦ *No mar, perto de Guimarães - MA, 1864*

SONETO

Francisco Otaviano

Morrer, dormir, não mais, termina a vida,
e com ela terminam nossas dores;
um punhado de terra, algumas flores...
E depois uma lágrima fingida.

Sim, minha morte não será sentida:
não tive amigos e nem deixo amores;
e se os tive, tornaram-se traidores,
algozes vis de um'alma consumida.

Tudo é podre no mundo! Que me importa
que amanhã se esboroe ou que desabe,
se a natureza para mim 'stá morta?!

É tempo já que meu exílio acabe...
Vem, vem, ó morte! ao nada me transporta:
morrer, dormir, talvez sonhar, quem sabe!

✿ *Rio de Janeiro, 1825*
✟ *Rio de Janeiro, 1889*

O SEU NOME

João de Deus

Ela não sabe a luz suave e pura
que derrama numa alma acostumada
a não ver nunca a luz da madrugada
vir raiando, senão com amargura!

Não sabe a avidez com que a procura
ver esta vista, de chorar cansada,
a ela... única nuvem prateada,
única estrela desta noite escura!

E mil anos que leve a Providência
a dar-me este degredo por cumprido,
por acabada já tão longa ausência,

ainda nesse instante apetecido
será meu pensamento essa existência...
E o seu nome, o meu último gemido.

 ✿ *S. Bartolomeu de Messines - Algarve, 1830*
 ✝ *Lisboa, 1896*

SONETO

Álvares de Azevedo

Passei ontem a noite junto dela.
Do camarote a divisão se erguia
apenas entre nós – e eu vivia
no doce alento dessa virgem bela...

Tanto amor, tanto fogo se revela
naqueles olhos negros! Só a via!
Música mais do céu, mais harmonia
aspirando nessa alma de donzela!

Como era doce aquele seio arfando!
Nos lábios que sorriso feiticeiro!
Daquelas horas lembro-me chorando!

Mas o que é triste e dói ao mundo inteiro
é sentir todo o seio palpitando...
Cheio de amores! E dormir solteiro!

✡ *São Paulo, 1831*
✞ *São Paulo, 1852*

Os seios

Luis Delfino

Nunca te vejo o peito arfar de enleio,
quando de amor ou de prazer te ebrias,
que não ouça lá dentro as fugidias
aves, baixo alternando algum gorjeio...

Aves são, e são duas aves, creio,
que em ti mesma nascera, e em ti crias,
ao arrulhar de castas melodias,
no aroma quente e ebúrneo do teu seio;

têm de uns astros irmãos o movimento,
ou de dois lírios, que balouça o vento,
o giro doce, o lânguido vaivém.

Oh! quem me dera ver no próprio ninho
se brancas são, como o mais branco arminho,
ou se asas, como as outras pombas, têm...

✿ *Florianópolis, 1834*
✝ *Rio de Janeiro, 1910*

IGNORABIMUS

Tobias Barreto

Quanta ilusão!... O céu mostra-se esquivo
e surdo ao brado do universo inteiro...
De dúvidas cruéis prisioneiro,
tomba por terra o pensamento altivo.

Dizem que o Cristo, o filho de Deus vivo,
a quem chamam também Deus verdadeiro,
veio o mundo remir do cativeiro,
e eu vejo o mundo ainda tão cativo!

Se os reis são sempre reis, se o povo ignavo
não deixou de provar o duro freio
da tirania, e da miséria o travo,

se é sempre o mesmo engodo e falso enleio,
se o homem chora e continua escravo,
de que foi que Jesus salvar-nos veio?...

✡ *Campos - SE, 1839*
✝ *Recife, 1889*

A Carolina

Machado de Assis

Querida, ao pé do leito derradeiro
em que descansas dessa longa vida,
aqui venho e virei, pobre querida,
trazer-te o coração do companheiro.

Pulsa-lhe aquele afeto verdadeiro
que, a despeito de toda a humana lida,
fez a nossa existência apetecida
e num recanto pôs o mundo inteiro.

Trago-te flores – restos arrancados
da terra que nos viu passar unidos
e ora mortos nos deixa e separados.

Que eu, se tenho nos olhos mal feridos
pensamentos de vida formulados,
são pensamentos idos e vividos.

✿ *Rio de Janeiro, 1839*
✝ *Rio de Janeiro, 1908*

ÚLTIMA VONTADE

João Penha

O corpo num lençol, e assim metido
em minha mãe, donde nasci, a terra.
Nada do som do bronze, um som que aterra,
que descontenta um delicado ouvido.

Ninguém ouse soltar um só gemido
junto da cova que o meu corpo encerra:
longe, a minh'alma em outros mundos erra,
deem-lhe a paz de um sempiterno olvido.

Nada de luto, de sanefas pretas;
onde eu fique, um recôndito jardim,
onde ela, a mais divina das Julietas,

se por acaso se lembrar de mim,
possa colher um ramo de violetas
com que inflore o seu peito de cetim.

✿ *Braga - Minho, 1839*
✞ *Braga - Minho, 1919*

ENOJO

Fagundes Varela

Vem despontando a aurora, a noite morre,
desperta a mata virgem seus cantores,
medroso o vento no arraial das flores
mil beijos furta e suspirando corre.

Estende a névoa o manto e o val percorre,
cruzam-se as borboletas de mil cores,
e as mansas rolas choram seus amores
nas verdes balsas onde o orvalho escorre.

E pouco a pouco se esvaece a bruma,
tudo se alegra à luz do céu risonho
e ao flóreo bafo que o sertão perfuma.

Porém minh'alma triste e sem um sonho
murmura olhando o prado, o rio, a espuma:
como isto é pobre, insípido, enfadonho!

✡ *Rio Claro - RJ, 1841*
✞ *Niterói, 1875*

VISITA À CASA PATERNA

Luis Guimarães Junior

Como a ave que volta ao ninho antigo,
depois de um longo e tenebroso inverno,
eu quis também rever o lar paterno,
o meu primeiro e virginal abrigo.

Entrei. Um gênio carinhoso e amigo,
e fantasma talvez do amor materno,
tomou-me as mãos, olhou-me grave e terno,
e passo a passo, caminhou comigo.

Era esta a sala (oh, se me lembro, e quanto!)
em que da luz noturna à claridade,
minhas irmãs e minha mãe... O pranto

jorrou-me em ondas... Resistir quem há de?
Uma ilusão gemia em cada canto,
chorava em cada canto uma saudade!

✡ Rio de Janeiro, 1841
✝ Lisboa, 1898

Divina Comédia

Antero de Quental

Erguendo os braços para o céu distante
e apostrofando os deuses invisíveis,
os homens clamam: – Deuses impassíveis,
a quem serve o destino triunfante,

por que é que nos criastes?! Incessante
corre o tempo e só gera, inextinguíveis,
dor, pecado, ilusão, lutas horríveis,
num turbilhão cruel e delirante...

Pois não era melhor na paz clemente
do nada e do que ainda não existe,
ter ficado a dormir eternamente?

Por que é que para a dor nos evocastes?
Mas os deuses, com voz inda mais triste,
dizem: – Homens, por que é que nos criastes?!

✥ *Ponta Delgada - Açores, 1842*
✝ *Ponta Delgada - Açores, 1891*

ODOR DI FEMINA

Gonçalves Crespo

Era austero e sisudo; não havia
frade mais exemplar nesse convento;
no seu cavado rosto macilento
um poema de lágrimas se lia.

Uma vez que na extensa livraria
folheava o triste um livro pardacento,
viram-no desmaiar, cair do assento,
convulso, e torvo sobre a laje fria.

De que morrera o venerando frade?
Em vão busco as origens da verdade,
ninguém m'a disse, explique-a quem puder.

Consta que um bibliófilo comprara
o livro estranho e que, ao abri-lo, achara
uns dourados cabelos de mulher.

✡ *Rio de Janeiro, 1846*
✝ *Lisboa, 1883*

Marieta

Castro Alves

Como o gênio da noite, que desata
o véu de rendas sobre a espada nua,
ela solta os cabelos... Bate a lua
nas alvas dobras de um lençol de prata.

O seio virginal que a mão recata,
embalde o prende a mão... cresce, flutua...
Sonha a moça ao relento... Além na rua
preludia um violão na serenata.

Furtivos passos morrem no lajedo...
Resvala a escada do balcão discreta...
Matam lábios os beijos em segredo...

Afoga-me os suspiros, Marieta!
Ó surpresa! ó palor! ó pranto! ó medo!
Ai! noites de Romeu e Julieta!...

✡ *Muritiba - BA, 1847*
✝ *Salvador, 1871*

Rosa mística

Gomes Leal

Do pôr do sol àquela luz sagrada,
eu perdia-me... ó hora doce e breve!...
Meu peito junto ao seu colo de neve,
numa contemplação grave e elevada.

Nossas almas se erguiam, como deve
erguer-se uma alma à luz afortunada.
Do mar se ouvia a grande voz chorada.
Palpitavam as pombas no ar leve.

Eu então perguntei-lhe, baixo e brando:
– Em que mundos de luz é que caminhas?
Que torre está tua alma arquitetando?...

Ela, travando as suas mãos das minhas,
me disse, ingênua, então: – Estou cismando
no que dirão, no ar, as andorinhas.

✡ *Lisboa, 1848*
✝ *Lisboa, 1921*

Eu que tenho no olhar...

Guerra Junqueiro

Eu que tenho no olhar o incoercível dente
que aguilhoa da carne os sonhos bestiais,
e tenho as atrações nervosas da serpente
com que Jeová tentou nossos primeiros pais;

eu, a mulher perdida, a cínica indolente,
a torpe barregã de olhos sentimentais,
que ando de mão em mão escandalosamente
como as cartas de jogo e os livros sensuais;

eu, negra flor do mal, silenciosa e calma,
eu, que cheguei a ter escrófulas na alma
e abri um lupanar dentro do coração;

ao ver teu olhar, o teu olhar sombrio,
ó canalha gentil, ó pálido vadio,
eu, que desprezo o amor, amo-te, D. João!

✡ *Freixo de Espada à Cinta - Trás-os-Montes, 1850*
✞ *Lisboa, 1923*

NÓS

Silva Ramos

Eu e tu: a existência repartida
por duas almas; duas almas numa
só existência. Tu e eu: a vida
de duas vidas que uma só resuma.

Vida de dois, em cada um vivida,
vida de um só vivida em dois; em suma:
a essência unida à essência, sem que alguma
perca o ser una, sendo à outra unida.

Duplo egoísmo altruísta, a cujo enleio
no próprio coração cada qual sente
a chama que em si nutre o incêndio alheio.

Ó mistério do amor onipotente,
que eternamente eu viva no teu seio,
e vivas no meu seio eternamente.

✡ *Recife, 1853*
✝ *Rio de Janeiro, 1930*

O REBELDE

Lúcio de Mendonça

É um lobo do mar: numa espelunca
mora, à beira do oceano, em rocha alpestre.
Ira-se a onda e, qual tigre silvestre,
de mortos vegetais a praia junca,

e ele, olhando como um velho mestre
o revoltoso que não dorme nunca,
recurva o dedo como garra adunca
sobre o cachimbo, único amor terrestre.

E então assoma-lhe um sorriso amargo...
É um rebelde também, cérebro largo,
que odeia os reis e os padres excomunga.

À noite, dorme sem rezar: que importa?
Enorme cão fiel, guarda-lhe a porta
o velho mar soturno que resmunga.

✿ *Barra do Piraí - RJ, 1854*
✟ *Rio de Janeiro, 1909*

A FORCA*

Cesário Verde

Já que adorar-me dizes que não podes,
imperatriz serena, alva e discreta,
ai, como no teu colo há muita seta
e o teu peito é peito de um Herodes.

Eu antes que encaneçam meus bigodes
ao meu mister de amar-te hei de pôr meta,
o coração mo diz – feroz profeta
que anões faz dos colossos lá de Rodes.

E a vida depurada no cadinho
das eróticas dores do alvoroço,
acabará na forca, num azinho,

mas o que há de apertar o meu pescoço
em lugar de ser corda de bom linho
será do teu cabelo um menos grosso.

✡ *Lisboa, 1855*
✞ *Lisboa, 1886*

---

* Transcrito por João Gaspar Simões em *História da poesia portuguesa. Os poetas pré-simbolistas*, com a indicação de que pertence a *O livro de Cesário Verde*. Não consta da edição que consultamos, de 1910 (v. bibliografia). (S.F.)

TRANSIT

Artur Azevedo

Tu és dona de mim, tu me pertences,
e, neste delicioso cativeiro,
não queres crer que, ingrato e bandoleiro,
possa eu noutra pensar, ou noutro penses.

Doce cuidado meu, não te convences
de que tudo na terra é passageiro,
frívolo, fútil, rápido, ligeiro,
e a pertinácia do erro teu não vences!

Num belo dia – hás de tu ver – desaba
esta velha afeição, funda e comprida,
que tanta gente nos inveja e gaba...

Choras? Para que lágrimas, querida?
Naturalmente o amor também se acaba,
como tudo se acaba nesta vida.

✿ *São Luís do Maranhão, 1855*
✞ *Rio de Janeiro, 1908*

Mal secreto

Raimundo Correia

Se a cólera que espuma, a dor que mora
n'alma e destrói cada ilusão que nasce;
tudo o que punge, tudo o que devora
o coração, no rosto se estampasse.

Se se pudesse espírito que chora
ver através da máscara da face,
quanta gente talvez que inveja agora
nos causa, então piedade nos causasse!

Quanta gente que ri, talvez consigo
guarda um atroz, recôndito inimigo,
como invisível chaga cancerosa!

Quanta gente que ri, talvez existe
cuja ventura única consiste
em parecer aos outros venturosa!

> ✿ *No mar, na baía de Mogúncia - MA, 1859*
> ✝ *Paris, 1911*

AS POMBAS

Raimundo Correia

Vai-se a primeira pomba despertada...
Vai-se outra mais... mais outra... enfim dezenas
de pombas vão-se dos pombais, apenas
raia sanguínea e fresca a madrugada.

E à tarde, quando a rígida nortada
sopra, aos pombais de novo elas, serenas,
ruflando as asas, sacudindo as penas,
voltam todas em bando e em revoada.

Também dos corações onde abotoam,
os sonhos, um por um, céleres voam,
como voam as pombas dos pombais.

No azul da adolescência as asas soltam,
fogem... Mas aos pombais as pombas voltam
e eles aos corações não voltam mais.

> ✿ *No mar, na baía de Mogúncia - MA, 1859*
> ✝ *Paris, 1911*

Abrem duas janelas para a rua

B. Lopes

Abrem duas janelas para a rua,
com trepadeira em arcos de taquara;
a cortina de renda, larga e clara,
alveja ao fundo da vidraça nua.

Em frente o mar, e sobre o mar a lua,
a estrelejar a onda que não para;
aflam asas por cima e solta a vara,
n'água brilhante, o mestre da falua.

Ecos noturnos e o rumor estranho
da meninada trêfega no banho
voam da praia ao chalezinho dela;

move-se um corpo de mulher, no escuro;
gira, após, o caixilho; e o luar puro
ilumina-lhe o busto na janela!

✡ *Boa Esperança - RJ, 1859*
✝ *Rio de Janeiro, 1916*

EVANGELHO E ALCORÃO

Augusto de Lima

Num tom de voz que a piedade ungia,
falava o padre ao crente do Alcorão,
que no leito de morte se estorcia:
"Implora de Jesus a compaixão.

Deixa Mafoma, ó filho da heresia,
e abraça a sacrossanta religião
do que morreu por nós..." E concluía:
"Se te queres salvar morre cristão".

Ao filho de Jesus, o moribundo
ergueu o olhar esbranquiçado e fundo,
onde da morte já descia o véu.

Mas logo se estorceu na ânsia extrema
e ao ver da Redenção o triste emblema,
ruge expirando: "Alá nunca morreu".

✡ *Nova Lima - MG, 1859*
✝ *Rio de Janeiro, 1934*

Horas mortas

Alberto de Oliveira

Breve momento, após comprido dia
de incômodos, de penas, de cansaço,
inda o corpo a sentir quebrado e lasso,
posso a ti me entregar, doce Poesia.

Desta janela aberta à luz tardia
do luar em cheio a clarear no espaço,
vejo-te vir, ouço-te o leve passo
na transparência azul da noite fria.

Chegas. O ósculo teu me vivifica.
Mas é tão tarde! Rápido flutuas,
tornando logo à etérea imensidade;

e na mesa a que escrevo apenas fica
sobre o papel – rastro das asas tuas –
um verso, um pensamento, uma saudade.

✡ *Saquarema - RJ, 1859*
✞ *Niterói, 1937*

VIDA OBSCURA

Cruz e Sousa

Ninguém sentiu o teu espasmo obscuro,
ó ser humilde entre os humildes seres,
embriagado, tonto dos prazeres,
o mundo para ti foi negro e duro.

Atravessaste no silêncio escuro
a vida presa a trágicos deveres
e chegaste ao saber de altos saberes
tornando-te mais simples e mais puro.

Ninguém te viu o sentimento inquieto,
magoado, oculto e aterrador, secreto,
que o coração te apunhalou no mundo.

Mas eu que sempre te segui os passos
sei que cruz infernal prendeu-te os braços
e o teu suspiro como foi profundo!

✡ *Desterro (Florianópolis), 1861*
✝ *Estação de Sítio - MG, 1898*

Quadro Antigo

Eduardo Coimbra

Tudo era em torno à mesa. As taças lapidadas
jaziam pelo chão em rígidos pedaços,
e os olhos sensuais dos cortesãos devassos
beijavam a tremer os seios das amadas.

As matronas gentis de faces descoradas
desenhavam, à luz dos candeeiros baços,
dos peitos seminus os contornados traços,
mexendo-se, febris, nas rendas perfumadas.

Adormecera a turba. Um pajem, entretanto,
ficara silencioso, acabrunhado, a um canto,
quem sabe se a pensar na mãe que ali não tinha.

E ao convencer-se, enfim, de que dormia tudo,
atravessando a sala, entristecido e mudo,
pôs um beijo febril nos lábios da rainha.

> ✡ *Porto, 1864*
> ✝ *São Roque de Lameira, 1884*

Língua Portuguesa

Olavo Bilac

Última flor do Lácio, inculta e bela,
és, a um tempo, esplendor e sepultura:
ouro nativo, que na ganga impura
a bruta mina entre os cascalhos vela...

Amo-te assim, desconhecida e obscura,
tuba de alto clangor, lira singela,
que tens o trom e o silvo da procela,
e o arrolo da saudade e da ternura.

Amo o teu viço agreste e o teu aroma
de virgens selvas e de oceano largo!
Amo-te, ó rude e doloroso idioma,

em que da voz materna ouvi: "Meu filho!",
e em que Camões chorou, no exílio amargo,
o gênio sem ventura e o amor sem brilho.

✡ *Rio de Janeiro, 1865*
✝ *Rio de Janeiro, 1918*

Maldição

Olavo Bilac

Se por vinte anos, nesta furna escura,
deixei dormir a minha maldição,
hoje, velha e cansada da amargura,
minha alma se abrirá como um vulcão.

E, em torrentes de cólera e loucura,
sobre a tua cabeça ferverão
vinte anos de silêncio e de tortura,
vinte anos de agonia e solidão...

Maldita sejas pelo ideal perdido!
Pelo mal que fizeste sem querer!
Pelo amor que morreu sem ter nascido!

Pelas horas vividas sem prazer!
Pela tristeza do que eu tenho sido!
Pelo esplendor do que eu deixei de ser!...

✡ *Rio de Janeiro, 1865*
✝ *Rio de Janeiro, 1918*

Solar encantado

Vítor Silva

Só, dominando no alto a alpestre serrania,
entre alcantis, e ao pé de um rio majestoso,
dorme quedo na névoa o solar misterioso,
encerrado no horror de uma lenda sombria.

Ouve-se à noite, em torno, um clamor lamentoso,
piam aves de agouro, estruge a ventania,
e brilhando no chão por sobre a selva fria,
correm chamas sutis de um fulgor nebuloso.

Dentro um luxo funéreo. O silêncio por tudo...
Apenas, alta noite, uma sombra de leve
agita-se a tremer nas trevas de veludo...

Ouve-se, acaso, então, vaguíssimo suspiro,
e na sala, espalhando um clarão cor de neve,
resvala como um sopro o vulto de um vampiro.

✡ *Rio de Janeiro, 1865*
✞ *Porto Alegre, 1922*

ENVELHECENDO

Emílio de Menezes

Tomba às vezes meu ser. De tropeço a tropeço,
unidos, corpo e alma, ambos rolando vão.
É o abismo e eu não sei se cresço ou se decresço,
à proporção do mal, do bem à proporção.

Sobe às vezes meu ser. De arremesso a arremesso,
unidos, estro e pulso, ambos fogem ao chão
e eu ora encaro a luz, ora à luz estremeço
e não sei onde o mal e o bem me levarão.

Fim, qual deles será? Qual deles o começo?
Prêmio, qual deles é? Qual deles é expiação?
Por qual deles ventura ou castigo mereço?

Ante o perpétuo sim, e ante o perpétuo não,
do bem que sempre fiz, nunca busquei o preço,
do mal que nunca fiz, sofro a condenação.

✡ *Curitiba, 1866*
✝ *Rio de Janeiro, 1918*

Eu não espero o bem que mais desejo

Vicente de Carvalho

Eu não espero o bem que mais desejo:
sou condenado, e disso convencido;
vossas palavras, com que sou punido,
são penas e verdades de sobejo.

O que dizeis é mal muito sabido,
pois nem se esconde nem procura ensejo
e anda à vista naquilo que mais vejo:
em vosso olhar, severo ou distraído.

Tudo quanto afirmais eu mesmo alego:
ao meu amor desamparado e triste
toda a esperança de alcançar-vos nego.

Digo-lhe quanto sei, mas ele insiste;
conto-lhe o mal que vejo, e ele, que é cego,
põe-se a sonhar o bem que não existe.

✡ *Santos, 1866*
✝ *Santos, 1924*

Folha solta

Vicente de Carvalho

Não me culpeis a mim de amar-vos tanto,
mas a vós mesma e à vossa formosura,
pois se vos aborrece, me tortura
ver-me cativo assim de vosso encanto.

Enfadai-vos; parece-vos que, enquanto
meu amor se lastima, vos censura;
mas sendo vós comigo áspera e dura,
que eu por mim brade ao céus não causa espanto.

Se me quereis diverso do que agora
eu sou, mudai; mudai vós mesma, pois
ido o rigor que em vosso peito mora,

a mudança será para nós dois;
e então podereis ver, minha senhora,
que eu sou quem sou por serdes vós quem sois.

✡ *Santos, 1866*
✝ *Santos, 1924*

(G<small>OLFO DE</small> B<small>ISCAIA</small>, 1891)

Antônio Nobre

O meu beliche é tal qual o bercinho
onde dormi horas que não vêm mais.
Dos seus embalos já estou cheiinho:
minha velha ama são os vendavais.

Uivam os ventos! Fumo, bebo vinho,
o vapor treme! Abraço a Bíblia, aos ais...
Covarde! Que dirão (eu adivinho)
os portugueses? Que dirão teus pais?

Coragem! Considera o que hás sofrido,
o que sofres e o que ainda sofrerás,
e vê, depois, se acaso é permitido

tal medo à morte, tanto apego ao mundo:
ah! fora bem melhor, vás onde vás,
Antônio, que o paquete fosse ao fundo.

     ✼ *Porto, 1867*
     ✞ *Carreiros - Foz do Douro, 1900*

(Canal da Mancha, 1891)

Antônio Nobre

Aqui, sobre estas águas cor de azeite,
cismo em meu lar, na paz que lá havia.
Carlota, à noite, ia ver se eu dormia,
e vinha, de manhã, trazer-me o leite.

Aqui, não tenho um único deleite!
Talvez... baixando, em breve, à água fria,
sem beijo, sem uma ave-maria,
sem uma flor, sem o menor enfeite!

Ah, pudesse eu voltar à minha infância!
Lar adorado, em fumos, à distância,
ao pé de minha irmã, vendo-a bordar...

Minha velha aia, conta-me essa história
que principiava, tenho-a na memória:
"Era uma vez..." Ah! deixem-me chorar!

    ✡ *Porto, 1867*
    ✝ *Carreiros - Foz do Douro, 1900*

NIHIL

Guimaraens Passos

Sem aos outros mentir, vivi meus dias
desditosos por dias bons tomando,
das pessoas alegres me afastando
e rindo às outras mais do que eu sombrias.

Enganava-me assim, não me enganando;
fiz dos passados males alegrias
do meu presente e das melancolias
sempre gozos futuros fui tirando.

Sem ser amado, fui feliz amante;
imaginei-me bom, culpado sendo;
e se chorava, ria ao mesmo instante.

E tanto tempo fui assim vivendo,
de enganar-me tornei-me tão constante,
que hoje nem creio no que estou dizendo.

✿ *Maceió, 1867*
✝ *Paris, 1909*

CAMINHO (I)

Camilo Pessanha

Tenho sonhos cruéis: n'alma doente
sinto um vago receio prematuro.
Vou a medo na aresta do futuro,
embebido em saudades do presente...

Saudades desta dor que em vão procuro
do peito afugentar bem rudemente,
devendo, ao desmaiar sobre o poente,
cobrir-me o coração de um véu escuro!...

Porque a dor, esta falta d'harmonia,
toda a luz desgrenhada que alumia
as almas doidamente, o céu d'agora,

sem ela o coração é quase nada:
um sol onde expirasse a madrugada,
porque é só madrugada quando chora.

✡ *Coimbra, 1867*
✝ *Macau, 1926*

Caminho (II)

Camilo Pessanha

Encontraste-me um dia no caminho
em procura de quê, nem eu o sei.
– Bom dia, companheiro, te saudei,
que a jornada é maior indo sozinho,

é longe, é muito longe, há muito espinho!
Paraste a repousar, eu descansei...
Na venda em que pousaste, onde pousei,
bebemos cada um do mesmo vinho.

É no monte escabroso, solitário.
Corta os pés como a rocha de um calvário,
e queima como a areia!... Foi no entanto

que choramos a dor de cada um...
E o vinho em que choraste era comum:
tivemos de beber do mesmo pranto.

✽ *Coimbra, 1867*
✟ *Macau, 1926*

INTERROGAÇÃO

Júlia Cortines

Contemplo a noite: a cúpula estrelada
do firmamento sobre mim palpita;
meu olhar, que a interroga, embalde fita
o olhar dos astros, que não veem nada:

– Nessa amplitude lôbrega e infinita
que inteligência ou força inominada
numa elipse traçou a vossa estrada,
estrelas de ouro, que o mistério habita?

Dizei-me se, transpondo a imensidade,
alguma coisa a vós minha alma prende,
um vínculo de amor ou de verdade.

Dizei-me o fim da nossa vida agora:
para que serve a luz que em vós resplende,
e a oculta mágoa que em meu seio mora?...

✡ *Rio Bonito - RJ, 1868*
✟ *Rio de Janeiro, 1948*

A COROA DE ROSAS

Eugênio de Castro

A fim, oculto amor, de coroar-te,
de adornar tuas tranças luminosas,
uma coroa teci de brancas rosas,
e fui pelo mundo afora, a procurar-te.

Sem nunca te encontrar, crendo avistar-te
nas moças que encontrava, donairosas,
fui-as beijando e fui-lhes dando as rosas
da coroa feita com amor e arte.

Trago, de caminhar, os membros lassos,
acutilam-me os ventos e as geadas,
já não sei o que são noites serenas...

Sinto que vais chegar, ouço-te os passos,
mas ai! nas minhas mãos ensanguentadas
uma coroa de espinhos trago apenas!

✡ *Coimbra, 1869*
✝ *Coimbra, 1944*

Foi assim que eu a vi...

Alphonsus de Guimaraens

Foi assim que eu a vi. Desse momento
a lembrança tranquila vem-me do alto
– sonho de rosas num país nevoento,
de que afinal acordo em sobressalto.

Fugiu-me essa visão: de novo tento
firmar os passos para um novo assalto.
Mas que farás, pobre homem sem alento,
tu, cego da alma e de coragem falto!

Que farás, coração que te magoas,
na tua timidez contemplativa,
só, tão longe das almas que são boas!

Que farás, alma, tu que louca e pasma,
seguindo embora o rastro de uma viva,
beijas os passos longos de um fantasma!

✡ *Ouro Preto, 1870*
✝ *Mariana, 1921*

Eu quero ouvir o coração falar

Fausto Guedes Teixeira

Eu quero ouvir o coração falar
e não os homens a falar por ele!
Enquanto a gente fala, há de parar
no peito a vida estranha que o impele.

Independente à forma de o expressar,
o sentimento existe, e ai daquele
coração triste que se julgue dar
na cerração em que a palavra o vele.

Astro no peito, é sobre a língua chaga.
Dizer uma alegria ou um tormento
é um mar em que sempre se naufraga.

Era a essência de Deus vista e atingida!
Se é a força da vida o sentimento,
fez-se a palavra pra mentir a vida.

✡ *Lamego - Alto Douro, 1871*
✝ *?, 1930*

CISNES

Júlio Salusse

A vida, manso lago azul algumas
vezes, algumas vezes mar fremente,
tem sido para nós constantemente
um lago azul sem ondas, sem espumas.

Sobre ele, quando, desfazendo as brumas
matinais, rompe um sol vermelho e quente,
nós dois vagamos indolentemente,
como dois cisnes de alvacentas plumas.

Um dia um cisne morrerá, por certo.
Quando chegar esse momento incerto,
no lago, onde talvez a água se tisne,

que o cisne vivo, cheio de saudade,
nunca mais cante, nem sozinho nade,
nem nade nunca ao lado de outro cisne.

✡ *Bom Jardim - RJ, 1872*
✞ *Rio de Janeiro, 1948*

DE PROFUNDIS CLAMAVI AD TE DOMINE

Augusto Gil

Ao charco mais escuso e mais imundo
chega uma hora no correr do dia
em que um raio de sol, claro e jucundo,
o visita, o alegra, o alumia;

pois eu, nesta desgraça em que me afundo,
nesta contínua e intérmina agonia,
nem tenho uma hora só dessa alegria
que chega às coisas ínfimas do mundo!...

Deus meu, acaso a roda do destino
a movimentam vossas mãos leais
num aceno impulsivo e repentino,

sem que na cega turbulência a domem?!
Senhor! não é um seixo que esmagais;
olhai que é – o coração de um homem!...

✿ *Porto, 1873*
✝ *Lisboa, 1929*

OUTRA VIDA

Francisca Júlia

Se o dia de hoje é igual ao dia que me espera
depois, resta-me, entanto, o consolo incessante
de sentir, sob os pés, a cada passo adiante,
que se muda o meu chão para o chão de outra esfera.

Eu não me esquivo à dor nem maldigo a severa
lei que me condenou à tortura constante;
porque em tudo adivinho a morte a todo instante,
abro o seio, risonha, à mão que o dilacera.

No ambiente que me envolve há trevas do seu luto;
na minha solidão a sua voz escuto,
e sinto, contra o meu, o seu hálito frio.

Morte, curta é a jornada e o meu fim está perto!
Feliz, contigo irei, sem olhar o deserto
que deixo atrás de mim, vago, imenso, vazio...

✡ *Xiririca (Eldorado) - SP, 1874*
✝ *São Paulo, 1920*

Dor suprema

José Duro

Onde quer que ponho os olhos contristados
– costumei-me a ver o mal em toda a parte –
não encontro nada que não vá magoar-te,
ó minh'alma cega, irmã dos entrevados.

Sexta-feira santa cheia de cuidados,
livro d'Ezequiel. Vontade de chorar-te...
E não ter um pranto, um só, para lavar-te
das manchas do fel, filhas de mil pecados!...

Ai do que não chora porque se esqueceu
como há de chamar as lágrimas aos olhos
na hora amargurada em que precisa delas!

Mas é bem mais triste aquele que olha o céu
em busca de Deus, que o livre dos abrolhos,
e só acha a luz das pálidas estrelas...

✡ *Lisboa, 1875*
✝ *Lisboa, 1899*

Vida obscura

Saturnino de Meireles

Como um lírio que nasce e que fenece
por entre as rochas de uma gruta escura,
tu foste assim do berço à sepultura
com um sorriso de anjo que adormece.

Não se ouviu de teus lábios uma prece
que deixasse do mundo uma censura.
Foste mesmo uma rosa de ternura
que por entre os espinhos estremece.

Levaste assim contigo o teu segredo,
como se fosse uma harpa não tocada
ou uma flor nascida num degredo.

Foste só uma pálida esperança,
uma saudade nunca desvendada,
um sonho muito vago de criança.

✡ *Rio de Janeiro, 1878*
✝ *Rio de Janeiro, 1906*

Soneto

Nunes Claro

Vieste tarde, meu amor. Começa
em mim caindo a neve devagar...
Morre o sol; o outono vem depressa,
e o inverno, finalmente, há de chegar.

E se hoje andamos juntos, na promessa
de caminharmos toda a vida a par,
daqui a pouco o teu amor tem pressa
e o meu, daqui a pouco, há de cansar.

Dentro em breve, por trás das velhas portas,
dando um ao outro só palavras mortas
que rolam mudas sobre nossas vidas,

ouviremos, nas noites desoladas,
tu, a canção das vozes desejadas,
eu, o chorar das vozes esquecidas.

✡ Lisboa, 1878
✝ Lisboa, 1949

Soror Tereza

Maranhão Sobrinho

E um dia as monjas foram dar com ela
morta, da cor de um sonho de noivado,
no silêncio cristão da estreita cela,
lábios nos lábios de um Crucificado...

Somente a luz de uma piedosa vela
ungia, como um óleo derramado,
o aposento tristíssimo daquela
que morrera num sonho, sem pecado...

Todo o mosteiro encheu-se de tristeza,
e ninguém soube de que dor escrava
morrera a divinal soror Tereza...

Não creio que, do amor, a morte venha,
mas sei que a vida da soror boiava
dentro dos olhos do Senhor da Penha...

✡ *Barra da Corda - MA, 1879*
✝ *Manaus, 1915*

Poeta fui e do áspero destino

José Albano

Poeta fui e do áspero destino
senti bem cedo a mão pesada e dura.
Conheci mais tristeza que ventura
e sempre andei errante e peregrino.

Vivi sujeito ao doce desatino
que tanto engana mas tão pouco dura;
e inda choro o rigor da sorte escura,
se nas dores passadas imagino.

Porém, como me agora vejo isento
dos sonhos que sonhava noite e dia
e só com saudades me atormento,

entendo que não tive outra alegria
nem nunca outro qualquer contentamento,
senão ter cantado o que sofria.

✿ *Fortaleza, 1882*
✝ *Montauban - França, 1923*

Versos Íntimos

Augusto dos Anjos

Vês?! Ninguém assistiu ao formidável
enterro de tua última quimera.
Somente a ingratidão – esta pantera –
foi tua companheira inseparável!

Acostuma-te à lama que te espera!
O homem, que, nesta terra miserável,
mora, entre feras, sente inevitável
necessidade de também ser fera.

Toma um fósforo. Acende teu cigarro!
O beijo, amigo, é a véspera do escarro,
a mão que afaga é a mesma que apedreja.

Se a alguém causa inda pena a tua chaga,
apedreja essa mão vil que te afaga,
escarra nessa boca que te beija!

✡ *Espírito Santo - PB, 1884*
✝ *Leopoldina - MG, 1914*

BEIJOS MORTOS

Martins Fontes

Amemos a mulher que não ilude,
e que, ao saber que a temos enganado,
perdoa por amor e por virtude,
pelo respeito ao menos do passado.

Muitas vezes, na minha juventude,
evocando o romance de um noivado,
sinto que amei outrora quanto pude,
porém mais deveria ter amado.

Choro. O remorso os nervos me sacode.
E, ao relembrar o mal que então fazia,
meu desespero inconsolado explode.

E a causa desta horrível agonia,
é ter amado, quanto amar se pode,
sem ter amado quanto amar devia.

✡ *Santos, 1884*
✝ *Santos, 1937*

ÍNTIMO

Humberto de Campos

Minha mãe! minha mãe! Tu, que adivinhas
esta mágoa amaríssima que eu canto,
tu, que trazes as pálpebras de pranto
cheias, tão cheias como eu trago as minhas;

tu, que vives em lágrimas, e tinhas
a vida, outrora, tão feliz, enquanto
deste teu filho, que tu queres tanto,
todas as mágoas serenando vinhas;

tu, que do astro do bem segues o brilho,
pede ao Deus que, apesar das tuas dores,
ainda persiste a castigar teu filho,

que eu não morra a sofrer, como hoje vivo,
esta angústia de uma árvore sem flores
e esta mágoa de pássaro cativo.

✡ *Miritiba - MA, 1886*
✞ *Rio de Janeiro, 1934*

Vesperal

Antônio Sardinha

Se eu te pintasse, posta na tardinha,
pintava-te num fundo cor de olaia,
na mão suspensa, nessa mão que é minha,
o lenço fino acompanhando a saia!

Vejo-te assim, ó asa de andorinha,
em ar de infanta que perdeu a aia,
envolta numa luz que te acarinha,
na luz que desfalece e que desmaia!

Com teu encanto os dias me adamasques,
linda menina ingênua de Velásquez
a flutuar num mar de seda e renda.

Deixa cair dos lábios de medronho
a perfumada voz do nosso sonho,
mas tão baixinho que só eu entenda!

✡ *Monforte - Alentejo, 1888*
✟ *Elvas - Alentejo, 1925*

Fosse eu apenas...

Fernando Pessoa

Fosse eu apenas, não sei onde ou como,
uma coisa existente sem viver,
noite de vida sem amanhecer
entre as sirtes do meu dourado assomo...

Fada maliciosa ou incerto gnomo
fadado houvesse de não pertencer
meu intuito gloríola com ter
a árvore do meu uso o único pomo...

Fosse eu uma metáfora somente
escrita nalgum livro insubsistente
de um poeta antigo, de alma em outras gamas,

mas doente, e, num crepúsculo de espadas,
morrendo entre bandeiras desfraldadas
na última tarde de um império em chamas...

✡ *Lisboa, 1888*
✝ *Lisboa, 1935*

Quando olho para mim...

Fernando Pessoa

Quando olho para mim não me percebo.
Tenho tanto a mania de sentir
que me extravio às vezes ao sair
das próprias sensações que eu recebo.

O ar que respiro, este licor que bebo,
pertencem ao meu modo de existir,
e eu nunca sei como hei de concluir
as sensações que a meu pesar concebo.

Nem nunca, propriamente reparei,
se na verdade sinto o que sinto. Eu
serei tal qual pareço em mim? Serei

tal qual me julgo verdadeiramente?
Mesmo ante as sensações sou um pouco ateu,
nem sei bem se sou eu quem em mim sente.

✿ *Lisboa, 1888*
✝ *Lisboa, 1935*

VOLÚPIA

Laura Chaves

É certo! Não mentiu quem te afirmou
que eu tenho dito muito mal de ti.
É certo, sim, mordi, mordi, mordi,
enquanto a minha boca não cansou.

Tudo quanto há de mau em mim gozou...
Sabes lá a volúpia que eu senti
quando, com mil requintes, descrevi
como a tua alma aos poucos se aviltou!

E no delírio de te fazer mal
analisei o vício, o lodaçal
em que hoje vives numa orgia louca...

Mas o que ninguém pôde pressentir
é que eu estava falando para ouvir
o teu nome a vibrar na minha boca!

✡ *Lisboa?, 1888*
☦ *?*

CERTA VOZ NA NOITE RUIVAMENTE...

Mário de Sá-Carneiro

Esquivo sortilégio o dessa voz, opiada
em sons cor de amaranto, às noites de incerteza,
que eu lembro não sei de onde – a voz de uma princesa
bailando meia nua entre clarões de espada.

Leonina, ela arremessa a carne arroxeada;
e bêbada de si, arfante de beleza,
acera os seios nus, descobre o sexo... Reza
o espasmo que a estrebucha em alma copulada.

Entanto nunca a vi mesmo em visão. Somente
a sua voz a fulcra ao meu lembrar-me. Assim
não lhe desejo a carne – a carne inexistente...

É só de voz-em-cio a bailadeira astral
– e nessa voz-estátua, ah! nessa voz-total
é que eu sonho esvair-me em vícios de marfim...

✡ *Lisboa, 1890*
✟ *Paris, 1916*

CHOPIN: PRELÚDIO Nº 4

Eduardo Guimaraens

Do fundo do salão vem-me o seu pranto sobre-humano,
como do fundo irreal de um desespero hoje olvidado:
dir-se-ia que estes sons têm um tom de ouro avioletado;
há um anjo a desfolhar lírios de sombra sobre o piano.

Doce prelúdio! Que ermo e doloroso desengano
fala, através do seu vago perfume de passado?
Sobre Chopin a noite abre o amplo manto constelado:
um delírio de amor anda por tudo, insone, insano!

Em cada nota solta há como um lânguido lamento.
– Oh, a doçura de sentir que o teu olhar, perdido,
sonha, recorda e sofre, ao doce ritmo vago e lento!

E o silêncio! E a paixão que abre em adeus as mãos absortas!
E o passado que volta e traz consigo, inesquecido,
um aroma secreto e vago e doce, a flores mortas!

✿ *Porto Alegre, 1892*
✝ *Rio de Janeiro, 1928*

DE PROFUNDIS CLAMAVI

Eduardo Guimaraens

Deste profundo horror, de esplêndida memória,
ouve, Senhor, o brado unânime e maldito
que aos céus, vibrando, sobe! Ouve o sinistro grito
que é toda a angústia humana e toda a humana glória!

Ouve o que diz a boca exangue e merencória,
de amor gemendo! E o lábio ardente do preceito
que em vão interrogou a sombra do infinito!
E o que sorveu, calado, a lágrima ilusória!

Ouve, Deus de Sinai que tens o raio ao seio!
Nós clamamos a ti pelos perdões supremos,
pela suprema paz ao nosso eterno anseio!

E queremos saber por que nos torturamos!
E clamamos a ti do Éden em que sofremos!
E clamamos a ti do Inferno em que gozamos!

✡ *Porto Alegre, 1892*
✝ *Rio de Janeiro, 1928*

Eu

Florbela Espanca

Eu sou a que no mundo anda perdida,
eu sou a que na vida não tem norte,
sou a irmã do sonho, e desta sorte
sou a crucificada... a dolorida...

Sombra de névoa tênue e esvaecida,
e que o destino amargo, triste e forte,
impele brutalmente para a morte!
Alma de luto sempre incompreendida!...

Sou aquela que passa e ninguém vê...
Sou a que chamam triste sem o ser...
Sou a que chora sem saber por quê...

Sou talvez a visão que alguém sonhou.
Alguém que veio ao mundo pra me ver
e que nunca na vida me encontrou!

✡ *Vila Viçosa - Alentejo, 1894*
✝ *Matosinhos - Douro, 1930*

SUPREMO ENLEIO

Florbela Espanca

Quanta mulher no teu passado, quanta!
Tanta sombra em redor! Mas que me importa?
Se delas veio o sonho que conforta,
a sua vinda foi três vezes santa!

Erva do chão que a mão de Deus levanta,
folhas murchas de rojo à tua porta...
Quando eu for uma pobre coisa morta,
quanta mulher ainda! Quanta! Quanta!

Mas eu sou a manhã: apago estrelas!
Hás de ver-me, beijar-me em todas elas,
mesmo na boca da que for mais linda!

E quando a derradeira, enfim, vier,
nesse corpo vibrante de mulher
será o meu que hás de encontrar ainda...

✿ *Vila Viçosa - Alentejo, 1894*
✟ *Matosinhos - Douro, 1930*

AMAR

Florbela Espanca

Eu quero amar, amar perdidamente!
Amar só por amar: aqui... além...
mais este e aquele, o outro e toda a gente...
Amar! Amar! E não amar ninguém!

Recordar? Esquecer? Indiferente!
Prender ou desprender? É mal? É bem?
Quem disse que se pode amar alguém
durante a vida inteira é porque mente.

Há uma primavera em cada vida:
é preciso cantá-la assim florida,
pois se Deus nos deu voz foi pra cantar.

E se um dia hei de ser pó, cinza e nada
que seja a minha noite uma alvorada,
que me saiba perder... pra me encontrar...

✡ *Vila Viçosa - Alentejo, 1894*
✞ *Matosinhos - Douro, 1930*

CONTRASSENSO

Marta de Mesquita da Câmara

Oh! meu amor, escuta, estou aqui.
Pois o teu coração bem me conhece:
eu sou aquela voz que, em tanta prece,
endoideceu, chorou, gemeu por ti!

Sou eu, sou eu que ainda não morri
– nem a morte me quer, ao que parece –
e vinha renovar, se inda pudesse,
as horas dolorosas que vivi.

Oh! que insensato e louco é quem se ilude!
Quis fugir, esquecer-te, mas não pude...
Vê lá do que os teus olhos são capazes!

Deitando a vista pelo mundo além,
desisto de encontrar na vida um bem
que valha todo o mal que tu me fazes!

✡ *Lisboa?, 1894*
✟ *?*

DESILUDIDO

Alceu Wamosy

Por que te hás de aquecer ao sol dessa esperança
nova, que despontou na tua alma ingênua e crente?
Se ela é como sorriso em lábio de criança,
que se há de transformar em pranto, de repente...

A ventura completa, é céu que não se alcança,
mas que a gente vislumbra, além, perpetuamente:
esse céu mentiroso, é um céu que foge e avança,
se é maior ou menor a aspiração da gente.

Sê simples e sê bom, mas não julgues que um dia,
hás de o teu coração, repleto de alegria,
para sempre fechar, como quem fecha um cofre!

Crê que a desilusão é o sonho pelo avesso,
e que só se é feliz, dando-se o mesmo apreço
ao gozo que se goza, e à mágoa que se sofre!

✡ *Uruguaiana, 1895*
✝ *Santana do Livramento, 1923*

DUAS ALMAS

Alceu Wamosy

Ó tu, que vens de longe, ó tu, que vens cansada,
entra, e, sob este teto encontrarás carinho:
eu nunca fui amado, e vivo tão sozinho,
vives sozinha sempre, e nunca foste amada...

A neve anda a branquear, lividamente, a estrada,
e a minha alcova tem a tepidez de um ninho.
Entra, ao menos até que as curvas do caminho
se banhem no esplendor nascente da alvorada.

E amanhã, quando a luz do sol dourar, radiosa,
essa estrada sem fim, deserta, imensa e nua,
podes partir de novo, ó nômade formosa!

Já não serei tão só, nem irás tão sozinha.
Há de ficar comigo uma saudade tua...
Hás de levar contigo uma saudade minha...

✿ *Uruguaiana, 1895*
✟ *Santana do Livramento, 1923*

AOS QUE SONHAM

Raul de Leoni

Não se pode sonhar impunemente
um grande sonho pelo mundo afora,
porque o veneno humano não demora
em corrompê-lo na íntima semente...

Olhando no alto a árvore excelente,
que os frutos de ouro esplêndidos enflora,
o sonhador não vê, e até ignora
a cilada rasteira da serpente.

Queres sonhar? Defende-te em segredo,
e lembra, a cada instante e a cada dia,
o que sempre acontece e aconteceu:

Prometeu e o abutre no rochedo,
o calvário do filho de Maria
e a cicuta que Sócrates bebeu!

✡ *Petrópolis, 1895*
✝ *Itaipava - RJ, 1926*

UNIDADE

Raul de Leoni

Deitando os olhos sobre a perspectiva
das coisas, surpreendo em cada qual
uma simples imagem fugitiva
da infinita harmonia universal.

Uma revelação vaga e parcial
de tudo existe em cada coisa viva:
na corrente do bem ou na do mal
tudo tem uma vida evocativa.

Nada é inútil; dos homens aos insetos
vão-se estendendo todos os aspetos
que a ideia da existência pode ter;

e o que deslumbra o olhar é perceber
em todos esses seres incompletos
a completa noção de um mesmo ser...

✡ Petrópolis, 1895
✝ Itaipava - RJ, 1926

OBRAS CONSULTADAS

AMORA, Antônio Soares e outros. *Grandes poetas românticos do Brasil.* São Paulo: LEP, 1959. 2v.

AMORA, A. S., MOISÉS, M. & SPINA, S. *Presença da literatura portuguesa.* São Paulo: Difusão Europeia do Livro, 1961. 5v.

ANJOS, Augusto dos. *Eu.* Rio de Janeiro: Livraria São José, 1962.

ASSIS, Machado de. *Poesias completas.* São Paulo: Mérito, 1961.

BANDEIRA, Manuel. *Antologia dos poetas brasileiros da fase romântica.* Rio de Janeiro: Ministério da Educação e Saúde, 1940.

BANDEIRA, Manuel. *Antologia dos poetas brasileiros da fase simbolista.* Rio de Janeiro: Ediouro, 1965.

BILAC, Olavo. *Os melhores poemas de Olavo Bilac.* São Paulo: Global, 1985.

BOCAGE. *Sonetos completos.* São Paulo: Núcleo, 1989.

CAMÕES, Luís de. *Sonetos.* Lisboa: Empresa Literária Fluminense, 1924.

CASTRO, Eugenio de. *Poesias escolhidas.* Paris: Aillaud, 1902.

CORREIA, Raimundo. *Poesia completa e prosa.* Rio de Janeiro: José Aguilar, 1961. Texto, cronologia, notas e estudo biográfico de Waldir Ribeiro do Val.

COSTA, Claudio Manoel. *Poesia.* Belo Horizonte: Itatiaia, 1976.

CRESPO, Gonçalves. *Nocturnos.* Lisboa: Avelino Fernandes Editor, 1882.

CRUZ E SOUZA. *Broquéis e faróis.* Rio de Janeiro: Imprensa Nacional, 1945. (Obras poéticas, 1)

CRUZ E SOUZA. *Últimos sonetos. Inéditos e dispersos.* Rio de Janeiro: Imprensa Nacional, 1945. (Obras poéticas, 2)

DEUS, João de. *Campo de flores.* Paris: Aillaud, s.d. 2v.

DURO, José. *Fel*. Lisboa: Guimarães Editores, 1915.
GIL, Augusto. *Luar de janeiro*. Lisboa: Portugália, s.d.
GONZAGA, Tomás Antônio. *Os melhores poemas de Tomás Antônio Gonzaga*. São Paulo: Global , 1983.
GONZAGA, Tomás Antônio. *Marília de Dirceu*. Rio de Janeiro: Ediouro, s.d.
GRÜNEWALD, José Lino. *Os poetas da Inconfidência*. Rio de Janeiro: Nova Fronteira, 1989.
GUIMARAENS, Alphonsus de. *Dona Mystica*, 1899 (s/indicação de editor).
GUIMARAENS, Eduardo. *A divina quimera*. Porto Alegre: Globo, 1944.
JUNQUEIRO, Guerra. *A morte de D. João*. Lisboa: Parceria Antônio Maria Pereira, 1921.
LEONI, Raul de. *Luz mediterrânea*. São Paulo: Martins, 1959.
LOUSADA, Wilson. *Cancioneiro do amor. Os mais belos versos da poesia brasileira*. Rio de Janeiro: José Olympio, 1950.
LUFT, Celso. *Dicionário de literatura portuguesa e brasileira*. Porto Alegre: Globo, 1979.
MATOS, Gregório de. *Poesias selecionadas*. São Paulo: FTD, 1993.
MENEZES, Emílio de. *Últimas rimas*. Rio de Janeiro: Leite Ribeiro & Maurillo, 1917.
MIRANDA, Sá de. *Sátiras*. Lisboa: O Mundo do Livro, 1958.
MOISÉS, Massaud. *A literatura portuguesa através dos textos*. São Paulo: Cultrix, 1974.
MOISÉS, Massaud. *Presença da literatura portuguesa*. São Paulo: Difusão Europeia do Livro, 1971.
MOISÉS, Massaud. *Dicionário de termos literários*. São Paulo: Cultrix, 1974.
MONGELLI, Lênia Márcia de Medeiros. *Poesia arcádica. Literatura portuguesa*. São Paulo: Global, 1986.
NOBRE, Antônio. *Só*. Paris: Aillaud, 1913.
OLIVEIRA, Alberto de. *Os cem melhores sonetos brasileiros*. Rio de Janeiro; São Paulo: Freitas Bastos, 1950.
PESSANHA, Camilo. *Clépsidra*. Lisboa: Ática, 1956.
PESSOA, Fernando. *Poesia*. Lisboa: Confluência, 1945.
PESSOA, Fernando. *Seleção poética*. Rio de Janeiro: José Aguilar & MEC, 1971.

PESSOA, Fernando & BOTTO, Antônio. *Antologia de poemas portugueses modernos*. Coimbra: Nobel, 1944.
PINTO, Alfredo Clemente. *Seleta em prosa e verso*. Porto Alegre: Martins Livreiro, 1980.
QUENTAL, Antero de. *Sonetos escolhidos*. São Paulo: Exposição do Livro, 1966.
RAMOS, Péricles Eugênio da Silva. *Poesia parnasiana. Antologia*. São Paulo: Melhoramentos, 1967.
RÉGIO, José & SERPA, Alberto de. *Poesia de amor. Antologia portuguesa*. Porto: Tavares Martins, 1945.
REZENDE, Edgard. *Os mais belos sonetos brasileiros*. Rio de Janeiro: Freitas Bastos, 1946.
SÁ-CARNEIRO, Mário de. *Poesia*. São Paulo: Iluminuras, 1995.
SÁ-CARNEIRO, Mário de. *Poesias*. Lisboa: Ática, 1953.
SAMPAYO, Albino Forjaz de & MANTUA, Bento. *O livro das cortesãs*. Lisboa: Guimarães Editores, 1916.
SILVEIRA, Pedro da. *Antologia da poesia açoriana. Do século XVIII a 1975*. Lisboa: Sá da Costa Editora, 1977.
SIMÕES, João Gaspar. *História da poesia portuguesa*. Lisboa: Empresa Nacional de Publicidade, 1955-59. 7v.
SIMÕES, João Gaspar. *Itinerário histórico da poesia portuguesa. De 1189 a 1964*. Lisboa: Arcádia, 1964.
VERDE, Cesário. *O livro de Cesário Verde*. Lisboa: José Antonio Rodrigues Editores, 1910.
WAMOSY, Alceu. *Poesia completa*. Porto Alegre: PUC-RS, IEL & Alves Editora, 1994.

ÍNDICE ALFABÉTICO DE AUTORES

Alberto de Oliveira / 68
Alceu Wamosy / 108, 109
Alphonsus de Guimaraens / 84
Alvarenga Peixoto / 37, 38
Álvares de Azevedo / 48
Antero de Quental / 55
Antônio Barbosa Bacelar / 27
Antônio Ferreira / 17
Antônio Nobre / 77, 78
Antônio Sardinha / 97
Artur Azevedo / 63
Augusto de Lima / 67
Augusto dos Anjos / 94
Augusto Gil / 87
B. Lopes / 66
Baltasar Estaço / 21
Basílio da Gama / 36
Camilo Pessanha / 80, 81
Castro Alves / 57
Cesário Verde / 62
Claudio Manuel da Costa / 31
Correia Garção / 30
Cruz e Silva / 33
Cruz e Sousa / 69
D. Tomás de Noronha / 23
Diogo Bernardes / 18
Eduardo Coimbra / 70

Eduardo Guimaraens / 102, 103
Emílio de Menezes / 74
Estêvão Rodrigues de Castro / 20
Eugênio de Castro / 83
Fagundes Varela / 53
Fausto Guedes Teixeira / 85
Fernando Pessoa / 98, 99
Fernão Álvares do Oriente / 19
Filinto Elísio / 34
Florbela Espanca / 104, 105, 106
Francisca Júlia / 88
Francisco Manuel de Melo / 26
Francisco Otaviano / 46
Gomes Leal / 58
Gonçalves Crespo / 56
Gonçalves Dias / 45
Gregório de Matos / 28
Guerra Junqueiro / 59
Guimaraens Passos / 79
Humberto de Campos / 96
Jerônimo Bahia / 29
João de Deus / 47
João Penha / 52
João Xavier de Matos / 32
José Albano / 93
José Duro / 89
Júlia Cortines / 82
Júlio Salusse / 86
Laura Chaves / 100
Lúcio de Mendonça / 61

Luís de Camões / 14, 15, 16
Luis Delfino / 49
Luis Guimarães Junior / 54
Machado de Assis / 51
Maciel Monteiro / 44
Manuel Maria du Bocage / 41, 42
Maranhão Sobrinho / 92
Mário de Sá-Carneiro / 101
Marquesa de Alorna / 40
Marta de Mesquita da Câmara / 107
Martins Fontes / 95
Nicolau Tolentino / 35
Nunes Claro / 91
Olavo Bilac / 71, 72
Raimundo Correia / 64, 65
Raul de Leoni / 110, 111
Rodrigues Lobo / 22
Sá de Miranda / 13
Santa Rita Bastos / 43
Saturnino de Meireles / 90
Silva Ramos / 60
Tobias Barreto / 50
Tomás Antônio Gonzaga / 39
Vicente de Carvalho / 75, 76
Violante do Céu / 24, 25
Vítor Silva / 73

O organizador desta coletânea agradece a colaboração de Luiz Antonio de Assis Brasil, Paulo Hecker Filho e Laury Maciel. Agradece, sobretudo, a Tânia Franco Carvalhal, ex-Diretora do Instituto Estadual do Livro, que lhe facilitou o acesso à ilha do tesouro – os velhos livros do poeta Theodemiro Tostes. Registra também seu reconhecimento à bibliotecária Jane Hessel, por sua eficiência e sua bondade.

Sergio Faraco
Porto Alegre, 1996

Coleção **L&PM** POCKET (Lançamentos mais recentes)

698. **Dez (quase) amores** – Claudia Tajes
699. **Poirot sempre espera** – Agatha Christie
701. **Apologia de Sócrates** *precedido de* **Êutifron e** *seguido de* **Críton** – Platão
702. **Wood & Stock** – Angeli
703. **Striptiras (3)** – Laerte
704. **Discurso sobre a origem e os fundamentos da desigualdade entre os homens** – Rousseau
705. **Os duelistas** – Joseph Conrad
706. **Dilbert (2)** – Scott Adams
707. **Viver e escrever** (vol. 1) – Edla van Steen
708. **Viver e escrever** (vol. 2) – Edla van Steen
709. **Viver e escrever** (vol. 3) – Edla van Steen
710. **A teia da aranha** – Agatha Christie
711. **O banquete** – Platão
712. **Os belos e malditos** – F. Scott Fitzgerald
713. **Libelo contra a arte moderna** – Salvador Dalí
714. **Akropolis** – Valerio Massimo Manfredi
715. **Devoradores de mortos** – Michael Crichton
716. **Sob o sol da Toscana** – Frances Mayes
717. **Batom na cueca** – Nani
718. **Vida dura** – Claudia Tajes
719. **Carne trêmula** – Ruth Rendell
720. **Cris, a fera** – David Coimbra
721. **O anticristo** – Nietzsche
722. **Como um romance** – Daniel Pennac
723. **Emboscada no Forte Bragg** – Tom Wolfe
724. **Assédio sexual** – Michael Crichton
725. **O espírito do Zen** – Alan W. Watts
726. **Um bonde chamado desejo** – Tennessee Williams
727. **Como gostais** *seguido de* **Conto de inverno** – Shakespeare
728. **Tratado sobre a tolerância** – Voltaire
729. **Snoopy: Doces ou travessuras? (7)** – Charles Schulz
730. **Cardápios do Anonymous Gourmet** – J.A. Pinheiro Machado
731. **100 receitas com lata** – J.A. Pinheiro Machado
732. **Conhece o Mário?** vol.2 – Santiago
733. **Dilbert (3)** – Scott Adams
734. **História de um louco amor** *seguido de* **Passado amor** – Horacio Quiroga
735(11). **Sexo: muito prazer** – Laura Meyer da Silva
736(12). **Para entender o adolescente** – Dr. Ronald Pagnoncelli
737(13). **Desembarcando a tristeza** – Dr. Fernando Lucchese
738. **Poirot e o mistério da arca espanhola & outras histórias** – Agatha Christie
739. **A última legião** – Valerio Massimo Manfredi
741. **Sol nascente** – Michael Crichton
742. **Duzentos ladrões** – Dalton Trevisan
743. **Os devaneios do caminhante solitário** – Rousseau
744. **Garfield, o rei da preguiça (10)** – Jim Davis
745. **Os magnatas** – Charles R. Morris
746. **Pulp** – Charles Bukowski
747. **Enquanto agonizo** – William Faulkner
748. **Aline: viciada em sexo (3)** – Adão Iturrusgarai
749. **A dama do cachorrinho** – Anton Tchékhov
750. **Tito Andrônico** – Shakespeare
751. **Antologia poética** – Anna Akhmátova
752. **O melhor de Hagar 6** – Dik e Chris Browne
753(12). **Michelangelo** – Nadine Sautel
754. **Dilbert (4)** – Scott Adams
755. **O jardim das cerejeiras** *seguido de* **Tio Vânia** – Tchékhov
756. **Geração Beat** – Claudio Willer
757. **Santos Dumont** – Alcy Cheuiche
758. **Budismo** – Claude B. Levenson
759. **Cleópatra** – Christian-Georges Schwentzel
760. **Revolução Francesa** – Frédéric Bluche, Stéphane Rials e Jean Tulard
761. **A crise de 1929** – Bernard Gazier
762. **Sigmund Freud** – Edson Sousa e Paulo Endo
763. **Império Romano** – Patrick Le Roux
764. **Cruzadas** – Cécile Morrisson
765. **O mistério do Trem Azul** – Agatha Christie
768. **Senso comum** – Thomas Paine
769. **O parque dos dinossauros** – Michael Crichton
770. **Trilogia da paixão** – Goethe
773. **Snoopy: No mundo da lua! (8)** – Charles Schulz
774. **Os Quatro Grandes** – Agatha Christie
775. **Um brinde de cianureto** – Agatha Christie
776. **Súplicas atendidas** – Truman Capote
779. **A viúva imortal** – Millôr Fernandes
780. **Cabala** – Roland Goetschel
781. **Capitalismo** – Claude Jessua
782. **Mitologia grega** – Pierre Grimal
783. **Economia: 100 palavras-chave** – Jean-Paul Betbèze
784. **Marxismo** – Henri Lefebvre
785. **Punição para a inocência** – Agatha Christie
786. **A extravagância do morto** – Agatha Christie
787(13). **Cézanne** – Bernard Fauconnier
788. **A identidade Bourne** – Robert Ludlum
789. **Da tranquilidade da alma** – Sêneca
790. **Um artista da fome** *seguido de* **Na colônia penal e outras histórias** – Kafka
791. **Histórias de fantasmas** – Charles Dickens
796. **O Uraguai** – Basílio da Gama
797. **A mão misteriosa** – Agatha Christie
798. **Testemunha ocular do crime** – Agatha Christie
799. **Crepúsculo dos ídolos** – Friedrich Nietzsche
802. **O grande golpe** – Dashiell Hammett
803. **Humor barra pesada** – Nani
804. **Vinho** – Jean-François Gautier
805. **Egito Antigo** – Sophie Desplancques
806(14). **Baudelaire** – Jean-Baptiste Baronian
807. **Caminho da sabedoria, caminho da paz** – Dalai Lama e Felizitas von Schönborn
808. **Senhor e servo e outras histórias** – Tolstói
809. **Os cadernos de Malte Laurids Brigge** – Rilke
810. **Dilbert (5)** – Scott Adams
811. **Big Sur** – Jack Kerouac
812. **Seguindo a correnteza** – Agatha Christie

813. **O álibi** – Sandra Brown
814. **Montanha-russa** – Martha Medeiros
815. **Coisas da vida** – Martha Medeiros
816. **A cantada infalível** *seguido de* **A mulher do centroavante** – David Coimbra
819. **Snoopy: Pausa para a soneca (9)** – Charles Schulz
820. **De pernas pro ar** – Eduardo Galeano
821. **Tragédias gregas** – Pascal Thiercy
822. **Existencialismo** – Jacques Colette
823. **Nietzsche** – Jean Granier
824. **Amar ou depender?** – Walter Riso
825. **Darmapada: A doutrina budista em versos**
826. **J'Accuse...! – a verdade em marcha** – Zola
827. **Os crimes ABC** – Agatha Christie
828. **Um gato entre os pombos** – Agatha Christie
831. **Dicionário de teatro** – Luiz Paulo Vasconcellos
832. **Cartas extraviadas** – Martha Medeiros
833. **A longa viagem de prazer** – J. J. Morosoli
834. **Receitas fáceis** – J. A. Pinheiro Machado
835. (14).**Mais fatos & mitos** – Dr. Fernando Lucchese
836. (15).**Boa viagem!** – Dr. Fernando Lucchese
837. **Aline: Finalmente nua!!! (4)** – Adão Iturrusgarai
838. **Mônica tem uma novidade!** – Mauricio de Sousa
839. **Cebolinha em apuros!** – Mauricio de Sousa
840. **Sócios no crime** – Agatha Christie
841. **Bocas do tempo** – Eduardo Galeano
842. **Orgulho e preconceito** – Jane Austen
843. **Impressionismo** – Dominique Lobstein
844. **Escrita chinesa** – Viviane Alleton
845. **Paris: uma história** – Yvan Combeau
846. (15).**Van Gogh** – David Haziot
848. **Portal do destino** – Agatha Christie
849. **O futuro de uma ilusão** – Freud
852. **O mal-estar na cultura** – Freud
853. **Um crime adormecido** – Agatha Christie
854. **Satori em Paris** – Jack Kerouac
855. **Medo e delírio em Las Vegas** – Hunter Thompson
856. **Um negócio fracassado e outros contos de humor** – Tchékhov
857. **Mônica está de férias!** – Mauricio de Sousa
858. **De quem é esse coelho?** – Mauricio de Sousa
860. **O mistério Sittaford** – Agatha Christie
861. **Manhã transfigurada** – L. A. de Assis Brasil
862. **Alexandre, o Grande** – Pierre Briant
863. **Jesus** – Charles Perrot
864. **Islã** – Paul Balta
865. **Guerra da Secessão** – Farid Ameur
866. **Um rio que vem da Grécia** – Cláudio Moreno
868. **Assassinato na casa do pastor** – Agatha Christie
869. **Manual do líder** – Napoleão Bonaparte
870. (16).**Billie Holiday** – Sylvia Fol
871. **Bidu arrasando!** – Mauricio de Sousa
872. **Os Sousa: Desventuras em família** – Mauricio de Sousa
874. **E no final a morte** – Agatha Christie
875. **Guia prático do Português correto – vol. 4** – Cláudio Moreno
876. **Dilbert (6)** – Scott Adams
877. (17) **Leonardo da Vinci** – Sophie Chauveau
878. **Bella Toscana** – Frances Mayes
879. **A arte da ficção** – David Lodge
880. **Striptiras (4)** – Laerte
881. **Skrotinhos** – Angeli
882. **Depois do funeral** – Agatha Christie
883. **Radicci 7** – Iotti
884. **Walden** – H. D. Thoreau
885. **Lincoln** – Allen C. Guelzo
886. **Primeira Guerra Mundial** – Michael Howard
887. **A linha de sombra** – Joseph Conrad
888. **O amor é um cão dos diabos** – Bukowski
890. **Despertar: uma vida de Buda** – Jack Kerouac
891. (18).**Albert Einstein** – Laurent Seksik
892. **Hell's Angels** – Hunter Thompson
893. **Ausência na primavera** – Agatha Christie
894. **Dilbert (7)** – Scott Adams
895. **Ao sul de lugar nenhum** – Bukowski
896. **Maquiavel** – Quentin Skinner
897. **Sócrates** – C.C.W. Taylor
899. **O Natal de Poirot** – Agatha Christie
900. **As veias abertas da América Latina** – Eduardo Galeano
901. **Snoopy: Sempre alerta! (10)** – Charles Schulz
902. **Chico Bento: Plantando confusão** – Mauricio de Sousa
903. **Penadinho: Quem é morto sempre aparece** – Mauricio de Sousa
904. **A vida sexual da mulher feia** – Claudia Tajes
905. **100 segredos de liquidificador** – José Antonio Pinheiro Machado
906. **Sexo muito prazer 2** – Laura Meyer da Silva
907. **Os nascimentos** – Eduardo Galeano
908. **As caras e as máscaras** – Eduardo Galeano
909. **O século do vento** – Eduardo Galeano
910. **Poirot perde uma cliente** – Agatha Christie
911. **Cérebro** – Michael O´Shea
912. **O escaravelho de ouro e outras histórias** – Edgar Allan Poe
913. **Piadas para sempre (4)** – Visconde da Casa Verde
914. **100 receitas de massas light** – Helena Tonetto
915. (19).**Oscar Wilde** – Daniel Salvatore Schiffer
916. **Uma breve história do mundo** – H. G. Wells
917. **A Casa do Penhasco** – Agatha Christie
919. **John M. Keynes** – Bernard Gazier
920. (20).**Virginia Woolf** – Alexandra Lemasson
921. **Peter e Wendy** *seguido de* **Peter Pan em Kensington Gardens** – J. M. Barrie
922. **Aline: numas de colegial (5)** – Adão Iturrusgarai
923. **Uma dose mortal** – Agatha Christie
924. **Os trabalhos de Hércules** – Agatha Christie
926. **Kant** – Roger Scruton
927. **A inocência do Padre Brown** – G.K. Chesterton
928. **Casa Velha** – Machado de Assis
929. **Marcas de nascença** – Nancy Huston
930. **Aulete de bolso**
931. **Hora Zero** – Agatha Christie
932. **Morte na Mesopotâmia** – Agatha Christie
934. **Nem te conto, João** – Dalton Trevisan
935. **As aventuras de Huckleberry Finn** – Mark Twain
936. (21).**Marilyn Monroe** – Anne Plantagenet

937. China moderna – Rana Mitter
938. Dinossauros – David Norman
939. Louca por homem – Claudia Tajes
940. Amores de alto risco – Walter Riso
941. Jogo de damas – David Coimbra
942. Filha é filha – Agatha Christie
943. M ou N? – Agatha Christie
945. Bidu: diversão em dobro! – Mauricio de Sousa
946. Fogo – Anaïs Nin
947. Rum: diário de um jornalista bêbado – Hunter Thompson
948. Persuasão – Jane Austen
949. Lágrimas na chuva – Sergio Faraco
950. Mulheres – Bukowski
951. Um pressentimento funesto – Agatha Christie
952. Cartas na mesa – Agatha Christie
954. O lobo do mar – Jack London
955. Os gatos – Patricia Highsmith
956.(22). Jesus – Christiane Rancé
957. História da medicina – William Bynum
958. O Morro dos Ventos Uivantes – Emily Brontë
959. A filosofia na era trágica dos gregos – Nietzsche
960. Os treze problemas – Agatha Christie
961. A massagista japonesa – Moacyr Scliar
963. Humor do miserê – Nani
964. Todo o mundo tem dúvida, inclusive você – Édison de Oliveira
965. A dama do Bar Nevada – Sergio Faraco
969. O psicopata americano – Bret Easton Ellis
970. Ensaios de amor – Alain de Botton
971. O grande Gatsby – F. Scott Fitzgerald
972. Por que não sou cristão – Bertrand Russell
973. A Casa Torta – Agatha Christie
974. Encontro com a morte – Agatha Christie
975.(23). Rimbaud – Jean-Baptiste Baronian
976. Cartas na rua – Bukowski
977. Memória – Jonathan K. Foster
978. A abadia de Northanger – Jane Austen
979. As pernas de Úrsula – Claudia Tajes
980. Retrato inacabado – Agatha Christie
981. Solanin (1) – Inio Asano
982. Solanin (2) – Inio Asano
983. Aventuras de menino – Mitsuru Adachi
984.(16). Fatos & mitos sobre sua alimentação – Dr. Fernando Lucchese
985. Teoria quântica – John Polkinghorne
986. O eterno marido – Fiódor Dostoiévski
987. Um safado em Dublin – J. P. Donleavy
988. Mirinha – Dalton Trevisan
989. Akhenaton e Nefertiti – Carmen Seganfredo e A. S. Franchini
990. On the Road – o manuscrito original – Jack Kerouac
991. Relatividade – Russell Stannard
992. Abaixo de zero – Bret Easton Ellis
993.(24). Andy Warhol – Mériam Korichi
995. Os últimos casos de Miss Marple – Agatha Christie
996. Nico Demo: Aí vem encrenca – Mauricio de Sousa
998. Rousseau – Robert Wokler
999. Noite sem fim – Agatha Christie
1000. Diários de Andy Warhol (1) – Editado por Pat Hackett
1001. Diários de Andy Warhol (2) – Editado por Pat Hackett
1002. Cartier-Bresson: o olhar do século – Pierre Assouline
1003. As melhores histórias da mitologia: vol. 1 – A.S. Franchini e Carmen Seganfredo
1004. As melhores histórias da mitologia: vol. 2 – A.S. Franchini e Carmen Seganfredo
1005. Assassinato no beco – Agatha Christie
1006. Convite para um homicídio – Agatha Christie
1008. História da vida – Michael J. Benton
1009. Jung – Anthony Stevens
1010. Arsène Lupin, ladrão de casaca – Maurice Leblanc
1011. Dublinenses – James Joyce
1012. 120 tirinhas da Turma da Mônica – Mauricio de Sousa
1013. Antologia poética – Fernando Pessoa
1014. A aventura de um cliente ilustre seguido de O último adeus de Sherlock Holmes – Sir Arthur Conan Doyle
1015. Cenas de Nova York – Jack Kerouac
1016. A corista – Anton Tchékhov
1017. O diabo – Leon Tolstói
1018. Fábulas chinesas – Sérgio Capparelli Márcia Schmaltz
1019. O gato do Brasil – Sir Arthur Conan Doyle
1020. Missa do Galo – Machado de Assis
1021. O mistério de Marie Rogêt – Edgar Allan Poe
1022. A mulher mais linda da cidade – Bukowski
1023. O retrato – Nicolai Gogol
1024. O conflito – Agatha Christie
1025. Os primeiros casos de Poirot – Agatha Christie
1027.(25). Beethoven – Bernard Fauconnier
1028. Platão – Julia Annas
1029. Cleo e Daniel – Roberto Freire
1030. Til – José de Alencar
1031. Viagens na minha terra – Almeida Garrett
1032. Profissões para mulheres e outros artigos feministas – Virginia Woolf
1033. Mrs. Dalloway – Virginia Woolf
1034. O cão da morte – Agatha Christie
1035. Tragédia em três atos – Agatha Christie
1037. O fantasma da Ópera – Gaston Leroux
1038. Evolução – Brian e Deborah Charlesworth
1039. Medida por medida – Shakespeare
1040. Razão e sentimento – Jane Austen
1041. A obra-prima ignorada seguido de Um episódio durante o Terror – Balzac
1042. A fugitiva – Anaïs Nin
1043. As grandes histórias da mitologia greco-romana – A. S. Franchini
1044. O corno de si mesmo & outras historietas – Marquês de Sade
1045. Da felicidade seguido de Da vida retirada – Sêneca
1046. O horror em Red Hook e outras histórias – H. P. Lovecraft
1047. Noite em claro – Martha Medeiros

1048. **Poemas clássicos chineses** – Li Bai, Du Fu e Wang Wei
1049. **A terceira moça** – Agatha Christie
1050. **Um destino ignorado** – Agatha Christie
1051. (26).**Buda** – Sophie Royer
1052. **Guerra Fria** – Robert J. McMahon
1053. **Simons's Cat: as aventuras de um gato travesso e comilão – vol. 1** – Simon Tofield
1054. **Simons's Cat: as aventuras de um gato travesso e comilão – vol. 2** – Simon Tofield
1055. **Só as mulheres e as baratas sobreviverão** – Claudia Tajes
1057. **Pré-história** – Chris Gosden
1058. **Pintou sujeira!** – Mauricio de Sousa
1059. **Contos de Mamãe Gansa** – Charles Perrault
1060. **A interpretação dos sonhos: vol. 1** – Freud
1061. **A interpretação dos sonhos: vol. 2** – Freud
1062. **Frufru Rataplã Dolores** – Dalton Trevisan
1063. **As melhores histórias da mitologia egípcia** – Carmem Seganfredo e A.S. Franchini
1064. **Infância. Adolescência. Juventude** – Tolstói
1065. **As consolações da filosofia** – Alain de Botton
1066. **Diários de Jack Kerouac – 1947-1954**
1067. **Revolução Francesa – vol. 1** – Max Gallo
1068. **Revolução Francesa – vol. 2** – Max Gallo
1069. **O detetive Parker Pyne** – Agatha Christie
1070. **Memórias do esquecimento** – Flávio Tavares
1071. **Drogas** – Leslie Iversen
1072. **Manual de ecologia (vol.2)** – J. Lutzenberger
1073. **Como andar no labirinto** – Affonso Romano de Sant'Anna
1074. **A orquídea e o serial killer** – Juremir Machado da Silva
1075. **Amor nos tempos de fúria** – Lawrence Ferlinghetti
1076. **A aventura do pudim de Natal** – Agatha Christie
1078. **Amores que matam** – Patricia Faur
1079. **Histórias de pescador** – Mauricio de Sousa
1080. **Pedaços de um caderno manchado de vinho** – Bukowski
1081. **A ferro e fogo: tempo de solidão (vol.1)** – Josué Guimarães
1082. **A ferro e fogo: tempo de guerra (vol.2)** – Josué Guimarães
1084. (17).**Desembarcando o Alzheimer** – Dr. Fernando Lucchese e Dra. Ana Hartmann
1085. **A maldição do espelho** – Agatha Christie
1086. **Uma breve história da filosofia** – Nigel Warburton
1088. **Heróis da História** – Will Durant
1089. **Concerto campestre** – L. A. de Assis Brasil
1090. **Morte nas nuvens** – Agatha Christie
1092. **Aventura em Bagdá** – Agatha Christie
1093. **O cavalo amarelo** – Agatha Christie
1094. **O método de interpretação dos sonhos** – Freud
1095. **Sonetos de amor e desamor** – Vários
1096. **120 tirinhas do Dilbert** – Scott Adams
1097. **200 fábulas de Esopo**
1098. **O curioso caso de Benjamin Button** – F. Scott Fitzgerald
1099. **Piadas para sempre: uma antologia para morrer de rir** – Visconde da Casa Verde
1100. **Hamlet (Mangá)** – Shakespeare
1101. **A arte da guerra (Mangá)** – Sun Tzu
1104. **As melhores histórias da Bíblia (vol.1)** – A. S. Franchini e Carmen Seganfredo
1105. **As melhores histórias da Bíblia (vol.2)** – A. S. Franchini e Carmen Seganfredo
1106. **Psicologia das massas e análise do eu** – Freud
1107. **Guerra Civil Espanhola** – Helen Graham
1108. **A autoestrada do sul e outras histórias** – Julio Cortázar
1109. **O mistério dos sete relógios** – Agatha Christie
1110. **Peanuts: Ninguém gosta de mim... (amor)** – Charles Schulz
1111. **Cadê o bolo?** – Mauricio de Sousa
1112. **O filósofo ignorante** – Voltaire
1113. **Totem e tabu** – Freud
1114. **Filosofia pré-socrática** – Catherine Osborne
1115. **Desejo de status** – Alain de Botton
1118. **Passageiro para Frankfurt** – Agatha Christie
1120. **Kill All Enemies** – Melvin Burgess
1121. **A morte da sra. McGinty** – Agatha Christie
1122. **Revolução Russa** – S. A. Smith
1123. **Até você, Capitu?** – Dalton Trevisan
1124. **O grande Gatsby (Mangá)** – F. S. Fitzgerald
1125. **Assim falou Zaratustra (Mangá)** – Nietzsche
1126. **Peanuts: É para isso que servem os amigos (amizade)** – Charles Schulz
1127. (27).**Nietzsche** – Dorian Astor
1128. **Bidu: Hora do banho** – Mauricio de Sousa
1129. **O melhor do Macanudo Taurino** – Santiago
1130. **Radicci 30 anos** – Iotti
1131. **Show de sabores** – J.A. Pinheiro Machado
1132. **O prazer das palavras – vol. 3** – Cláudio Moreno
1133. **Morte na praia** – Agatha Christie
1134. **O fardo** – Agatha Christie
1135. **Manifesto do Partido Comunista (Mangá)** – Marx & Engels
1136. **A metamorfose (Mangá)** – Franz Kafka
1137. **Por que você não se casou... ainda** – Tracy McMillan
1138. **Textos autobiográficos** – Bukowski
1139. **A importância de ser prudente** – Oscar Wilde
1140. **Sobre a vontade na natureza** – Arthur Schopenhauer
1141. **Dilbert (8)** – Scott Adams
1142. **Entre dois amores** – Agatha Christie
1143. **Cipreste triste** – Agatha Christie
1144. **Alguém viu uma assombração?** – Mauricio de Sousa
1145. **Mandela** – Elleke Boehmer
1146. **Retrato do artista quando jovem** – James Joyce
1147. **Zadig ou o destino** – Voltaire
1148. **O contrato social (Mangá)** – J.-J. Rousseau
1149. **Garfield fenomenal** – Jim Davis
1150. **A queda da América** – Allen Ginsberg
1151. **Música na noite & outros ensaios** – Aldous Huxley

1152. **Poesias inéditas & Poemas dramáticos** – Fernando Pessoa
1153. **Peanuts: Felicidade é...** – Charles M. Schulz
1154. **Mate-me por favor** – Legs McNeil e Gillian McCain
1155. **Assassinato no Expresso Oriente** – Agatha Christie
1156. **Um punhado de centeio** – Agatha Christie
1157. **A interpretação dos sonhos (Mangá)** – Freud
1158. **Peanuts: Você não entende o sentido da vida** – Charles M. Schulz
1159. **A dinastia Rothschild** – Herbert R. Lottman
1160. **A Mansão Hollow** – Agatha Christie
1161. **Nas montanhas da loucura** – H.P. Lovecraft
1162. (28). **Napoleão Bonaparte** – Pascale Fautrier
1163. **Um corpo na biblioteca** – Agatha Christie
1164. **Inovação** – Mark Dodgson e David Gann
1165. **O que toda mulher deve saber sobre os homens: a afetividade masculina** – Walter Riso
1166. **O amor está no ar** – Mauricio de Sousa
1167. **Testemunha de acusação & outras histórias** – Agatha Christie
1168. **Etiqueta de bolso** – Celia Ribeiro
1169. **Poesia reunida (volume 3)** – Affonso Romano de Sant'Anna
1170. **Emma** – Jane Austen
1171. **Que seja em segredo** – Ana Miranda
1172. **Garfield sem apetite** – Jim Davis
1173. **Garfield: Foi mal...** – Jim Davis
1174. **Os irmãos Karamázov (Mangá)** – Dostoiévski
1175. **O Pequeno Príncipe** – Antoine de Saint-Exupéry
1176. **Peanuts: Ninguém mais tem o espírito aventureiro** – Charles M. Schulz
1177. **Assim falou Zaratustra** – Nietzsche
1178. **Morte no Nilo** – Agatha Christie
1179. **Ê, soneca boa** – Mauricio de Sousa
1180. **Garfield a todo o vapor** – Jim Davis
1181. **Em busca do tempo perdido (Mangá)** – Proust
1182. **Cai o pano: o último caso de Poirot** – Agatha Christie
1183. **Livro para colorir e relaxar** – Livro 1
1184. **Para colorir sem parar**
1185. **Os elefantes não esquecem** – Agatha Christie
1186. **Teoria da relatividade** – Albert Einstein
1187. **Compêndio da psicanálise** – Freud
1188. **Visões de Gerard** – Jack Kerouac
1189. **Fim de verão** – Mohiro Kitoh
1190. **Procurando diversão** – Mauricio de Sousa
1191. **E não sobrou nenhum e outras peças** – Agatha Christie
1192. **Ansiedade** – Daniel Freeman & Jason Freeman
1193. **Garfield: pausa para o almoço** – Jim Davis
1194. **Contos do dia e da noite** – Guy de Maupassant
1195. **O melhor de Hagar 7** – Dik Browne
1196. (29). **Lou Andreas-Salomé** – Dorian Astor
1197. (30). **Pasolini** – René de Ceccatty
1198. **O caso do Hotel Bertram** – Agatha Christie
1199. **Crônicas de motel** – Sam Shepard
1200. **Pequena filosofia da paz interior** – Catherine Rambert
1201. **Os sertões** – Euclides da Cunha
1202. **Treze à mesa** – Agatha Christie
1203. **Bíblia** – John Riches
1204. **Anjos** – David Albert Jones
1205. **As tirinhas do Guri de Uruguaiana 1** – Jair Kobe
1206. **Entre aspas (vol.1)** – Fernando Eichenberg
1207. **Escrita** – Andrew Robinson
1208. **O spleen de Paris: pequenos poemas em prosa** – Charles Baudelaire
1209. **Satíricon** – Petrônio
1210. **O avarento** – Molière
1211. **Queimando na água, afogando-se na chama** – Bukowski
1212. **Miscelânea septuagenária: contos e poemas** – Bukowski
1213. **Que filosofar é aprender a morrer e outros ensaios** – Montaigne
1214. **Da amizade e outros ensaios** – Montaigne
1215. **O medo à espreita e outras histórias** – H.P. Lovecraft
1216. **A obra de arte na era de sua reprodutibilidade técnica** – Walter Benjamin
1217. **Sobre a liberdade** – John Stuart Mill
1218. **O segredo de Chimneys** – Agatha Christie
1219. **Morte na rua Hickory** – Agatha Christie
1220. **Ulisses (Mangá)** – James Joyce
1221. **Ateísmo** – Julian Baggini
1222. **Os melhores contos de Katherine Mansfield** – Katherine Mansfied
1223. (31). **Martin Luther King** – Alain Foix
1224. **Millôr Definitivo: uma antologia de *A Bíblia do Caos*** – Millôr Fernandes
1225. **O Clube das Terças-Feiras e outras histórias** – Agatha Christie
1226. **Por que sou tão sábio** – Nietzsche
1227. **Sobre a mentira** – Platão
1228. **Sobre a leitura *seguido do* Depoimento de Céleste Albaret** – Proust
1229. **O homem do terno marrom** – Agatha Christie
1230. (32). **Jimi Hendrix** – Franck Médioni
1231. **Amor e amizade e outras histórias** – Jane Austen
1232. **Lady Susan, Os Watson e Sanditon** – Jane Austen
1233. **Uma breve história da ciência** – William Bynum
1234. **Macunaíma: o herói sem nenhum caráter** – Mário de Andrade
1235. **A máquina do tempo** – H.G. Wells
1236. **O homem invisível** – H.G. Wells
1237. **Os 36 estratagemas: manual secreto da arte da guerra** – Anônimo
1238. **A mina de ouro e outras histórias** – Agatha Christie
1239. **Pic** – Jack Kerouac
1240. **O habitante da escuridão e outros contos** – H.P. Lovecraft
1241. **O chamado de Cthulhu e outros contos** – H.P. Lovecraft

242. **O melhor de Meu reino por um cavalo!** – Edição de Ivan Pinheiro Machado
243. **A guerra dos mundos** – H.G. Wells
244. **O caso da criada perfeita e outras histórias** – Agatha Christie
245. **Morte por afogamento e outras histórias** – Agatha Christie
246. **Assassinato no Comitê Central** – Manuel Vázquez Montalbán
247. **O papai é pop** – Marcos Piangers
248. **O papai é pop 2** – Marcos Piangers
249. **A mamãe é rock** – Ana Cardoso
250. **Paris boêmia** – Dan Franck
251. **Paris libertária** – Dan Franck
252. **Paris ocupada** – Dan Franck
253. **Uma anedota infame** – Dostoiévski
254. **O último dia de um condenado** – Victor Hugo
255. **Nem só de caviar vive o homem** – J.M. Simmel
256. **Amanhã é outro dia** – J.M. Simmel
257. **Mulherzinhas** – Louisa May Alcott
258. **Reforma Protestante** – Peter Marshall
259. **História econômica global** – Robert C. Allen
260.(33). **Che Guevara** – Alain Foix
261. **Câncer** – Nicholas James
262. **Akhenaton** – Agatha Christie
263. **Aforismos para a sabedoria de vida** – Arthur Schopenhauer
264. **Uma história do mundo** – David Coimbra
265. **Ame e não sofra** – Walter Riso
266. **Desapegue-se!** – Walter Riso
267. **Os Sousa: Uma família do barulho** – Mauricio de Sousa
268. **Nico Demo: O rei da travessura** – Mauricio de Sousa
269. **Testemunha de acusação e outras peças** – Agatha Christie
270.(34). **Dostoiévski** – Virgil Tanase
271. **O melhor de Hagar 8** – Dik Browne
272. **O melhor de Hagar 9** – Dik Browne
273. **O melhor de Hagar 10** – Dik e Chris Browne
274. **Considerações sobre o governo representativo** – John Stuart Mill
275. **O homem Moisés e a religião monoteísta** – Freud
276. **Inibição, sintoma e medo** – Freud
277. **Além do princípio de prazer** – Freud
278. **O direito de dizer não!** – Walter Riso
279. **A arte de ser flexível** – Walter Riso
280. **Casados e descasados** – August Strindberg
281. **Da Terra à Lua** – Júlio Verne
282. **Minhas galerias e meus pintores** – Kahnweiler
283. **A arte do romance** – Virginia Woolf
284. **Teatro completo v. 1: As aves da noite** *seguido de* **O visitante** – Hilda Hilst
285. **Teatro completo v. 2: O verdugo** *seguido de* **A morte do patriarca** – Hilda Hilst
286. **Teatro completo v. 3: O rato no muro** *seguido de* **Auto da barca de Camiri** – Hilda Hilst
287. **Teatro completo v. 4: A empresa** *seguido de* **O novo sistema** – Hilda Hilst
1289. **Fora de mim** – Martha Medeiros
1290. **Divã** – Martha Medeiros
1291. **Sobre a genealogia da moral: um escrito polêmico** – Nietzsche
1292. **A consciência de Zeno** – Italo Svevo
1293. **Células-tronco** – Jonathan Slack
1294. **O fim do ciúme e outros contos** – Proust
1295. **A jangada** – Júlio Verne
1296. **A ilha do dr. Moreau** – H.G. Wells
1297. **Ninho de fidalgos** – Ivan Turguêniev
1298. **Jane Eyre** – Charlotte Brontë
1299. **Sobre gatos** – Bukowski
1300. **Sobre o amor** – Bukowski
1301. **Escrever para não enlouquecer** – Bukowski
1302. **222 receitas** – J. A. Pinheiro Machado
1303. **Reinações de Narizinho** – Monteiro Lobato
1304. **O Saci** – Monteiro Lobato
1305. **Memórias da Emília** – Monteiro Lobato
1306. **O Picapau Amarelo** – Monteiro Lobato
1307. **A reforma da Natureza** – Monteiro Lobato
1308. **Fábulas** *seguido de* **Histórias diversas** – Monteiro Lobato
1309. **Aventuras de Hans Staden** – Monteiro Lobato
1310. **Peter Pan** – Monteiro Lobato
1311. **Dom Quixote das crianças** – Monteiro Lobato
1312. **O Minotauro** – Monteiro Lobato
1313. **Um quarto só seu** – Virginia Woolf
1314. **Sonetos** – Shakespeare
1315.(35). **Thoreau** – Marie Berthoumieu e Laura El Makki
1316. **Teoria da arte** – Cynthia Freeland
1317. **A arte da prudência** – Baltasar Gracián
1318. **O louco** *seguido de* **Areia e espuma** – Khalil Gibran
1319. **O profeta** *seguido de* **O jardim do profeta** – Khalil Gibran
1320. **Jesus, o Filho do Homem** – Khalil Gibran
1321. **A luta** – Norman Mailer
1322. **Sobre o sofrimento do mundo e outros ensaios** – Schopenhauer
1323. **Epidemiologia** – Rodolfo Saracci
1324. **Japão moderno** – Christopher Goto-Jones
1325. **A arte da meditação** – Matthieu Ricard
1326. **O adversário secreto** – Agatha Christie
1327. **Pollyanna** – Eleanor H. Porter
1328. **Espelhos** – Eduardo Galeano
1329. **A Vênus das peles** – Sacher-Masoch
1330. **O 18 de brumário de Luís Bonaparte** – Karl Marx
1331. **Um jogo para os vivos** – Patricia Highsmith
1332. **A tristeza pode esperar** – J.J. Camargo
1333. **Vinte poemas de amor e uma canção desesperada** – Pablo Neruda
1334. **Judaísmo** – Norman Solomon
1335. **Esquizofrenia** – Christopher Frith & Eve Johnstone
1336. **Seis personagens em busca de um autor** – Luigi Pirandello
1337. **A Fazenda dos Animais** – George Orwell

lepmeditores
www.lpm.com.br
o site que conta tudo

IMPRESSÃO:

PALLOTTI
GRÁFICA

Santa Maria - RS | Fone: (55) 3220.4500
www.graficapallotti.com.br